JN174390

サスティナブル・カンパニー

「ずーっと」栄える会社の事業構想

水尾順一 著

サスティナブル・カンパニー

「ずーっと」栄える会社の事業構想

プロローグ

事業構想の始まりは
ビジネスの現場から

現場に「見える化」された経営理念

「いい会社だね、あなたの勤めているところは……」

洋の東西を問わず、社会からこのように評価される会社には、いずれも一本筋の通った考え方や価値観がある。その原点になるのが、明文化され、社内外に見える化された経営理念（会社によっては企業理念と称することもある）だ。

経営理念は、日常のルーティンな企業行動に必要なだけではない。事業構想や経営改革の場面においても同様である。必ずそこには従業員の団結力を高める「経営理念」が存在する。

経営理念をもとに、従業員や顧客、取引先、さらには地域社会などそれぞれの満足を高めながら、地球環境に貢献し、未来永劫に発展する会社を、筆者はサスティナブル・カンパニー（「ずーっと」栄える会社）と定義する。このような会社は、結果として出資者である株主や投資家にとっても、永続的な配当や利息の確保など投資収益をもたらす魅力ある会社となるのだ。

たとえば、サスティナブル・カンパニーとして「ずーっと」栄えてきたトヨタには、七つの項目で構成された経営理念がある。トヨタグループの創始者、豊田佐吉の考え方をまとめて１９３５年に制定された「豊田綱領」の精神がその基礎となっている。トヨタの歴史の中で唯一リストラを経験した１９５０年、その苦境を脱することができたのは、この経営理念がもつ求心力が大きな力になったからだ。

通信最大手のＮＴＴドコモにも、「私たちは『新しいコミュニケーション文化の世界の創造』に向けて、個人の能力を最大限に生かし、お客様に心から満足していただける、よりパーソナルなコミュニケーションの確立をめざします。」という経営理念がある。米国のＡＴ＆Ｔや英国のボーダフォンなどとのグローバル競争の中で、全社一丸となって戦うことができるのも、背景にはこの経営理念があるからだ。

それぞれ両社にとって基本的な価値観であり、従業員の行動の指針となっている。それほど事業構想に欠かせないのがこの経営理念であり、トヨタやＮＴＴドコモのように、ビジネスの現場でしっかり実践されているか、それによって企業の命運が左右される。

本書では、筆者のビジネス経験や事例をもとに、経営の羅針盤ともいうべき経営理念をベースとして「サスティナブル・カンパニー（「ずーっと」栄える会社）の条件を考えてみようと思う。

資生堂の経営改革に学ぶ、「超長期の会社づくり」

サスティナブル・カンパニーの条件を考えた背景にあるのが、筆者がこれまで様々な「現場」から学び体験してきた、ＡＢＣという三つのキーワードだ。

ＡＢＣとは、アカデミーのＡ（大学における理論研究）、ビジネスのＢ（経営の実践論）、Ｃ（コンサルティング指導）の三つで、米国では企業のコンサルティング指導を行う大学教員に必要な三要素といわれている。

このＡＢＣは筆者のこれまでの経験とも重なるが、ここではビジネスのＢに絞って簡単に触れておきたい。

筆者は資生堂に29年間勤務し、会社の13期連続増収増益が途絶えたのち、苦境から脱出するための経営改革も体験、１９９２年からの2年間は当時の福原義春社長（現・名誉会

資生堂における超長期のコーポレート・デザイン　（図表①）

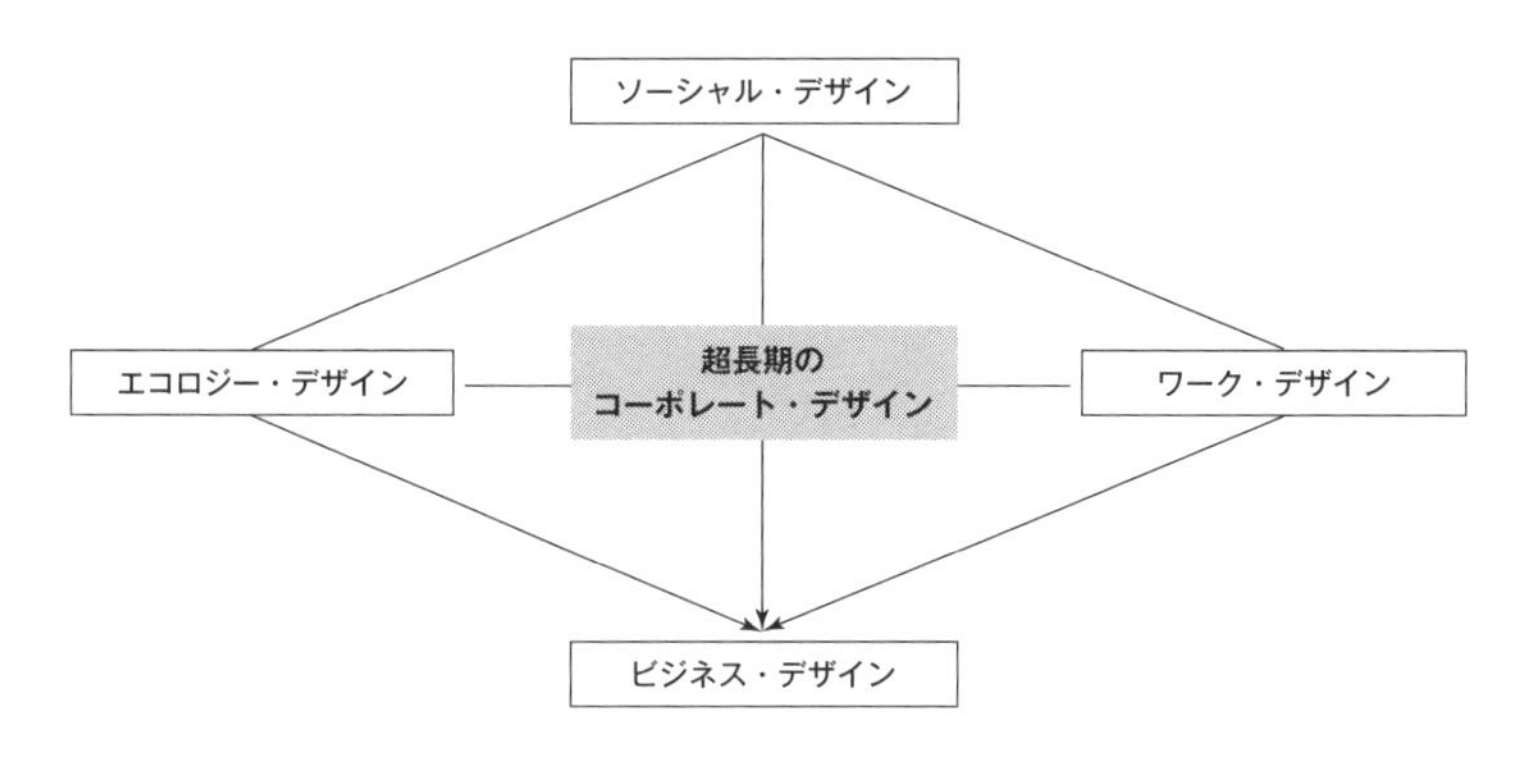

出典：著者作成

長）の直轄組織で、「コーポレート・デザイン」という仕事も経験した。

これは通常の長期計画ではなく、長期をさらに超えた「超長期の会社」づくりのための組織である。

ワーク・デザインと称される従業員の働き方（たとえば、ワーク・ライフ・バランスなど）、エコロジー・デザインでは環境問題への対応、ソーシャル・デザインでは社会との良好な関係性の構築（いわゆる社会貢献活動）、さらには21世紀のビジネス・デザイン（事業構造）の構築など、「夢のある会社」を目指した仕事であった。こういった事例も本書で紹介していく。

これらは、現代におけるＣＳＲ（コーポ

レート・ソーシャル・レスポンシビリティ：企業の社会的責任）、さらにいえば、サスティナブル・カンパニーを目指す会社のあり方、そのものである。

東証一部、上場廃止から再上場へ、西武ホールディングス

筆者は１９９９年に資生堂から駿河台大学へ移籍したのち、２００４年から現在まで西武ホールディングス（以下、西武ＨＤ）企業倫理委員会社外委員も務めている。２００４年といえば西武鉄道が上場廃止になった年だ。今の西武ＨＤ・後藤高志代表取締役社長は、社長就任から約10年の歳月を経て、２０１４年４月23日に東京証券取引所（以下、東証）市場第一部に再上場を果たした。多少なりともそのお手伝いができたのではと思っている。

「朝のこない夜はない」「疾風（しっぷう）に勁草（けいそう）を知る」という言葉が語るように、その間の後藤社長の苦労や経営改革から再上場に至るまでの歩みとその思いについては、第１章のあとに記した特集レポートを参考にされたい。

東京証券取引所内の電光板に映し出された株式上場の表示　（写真②）

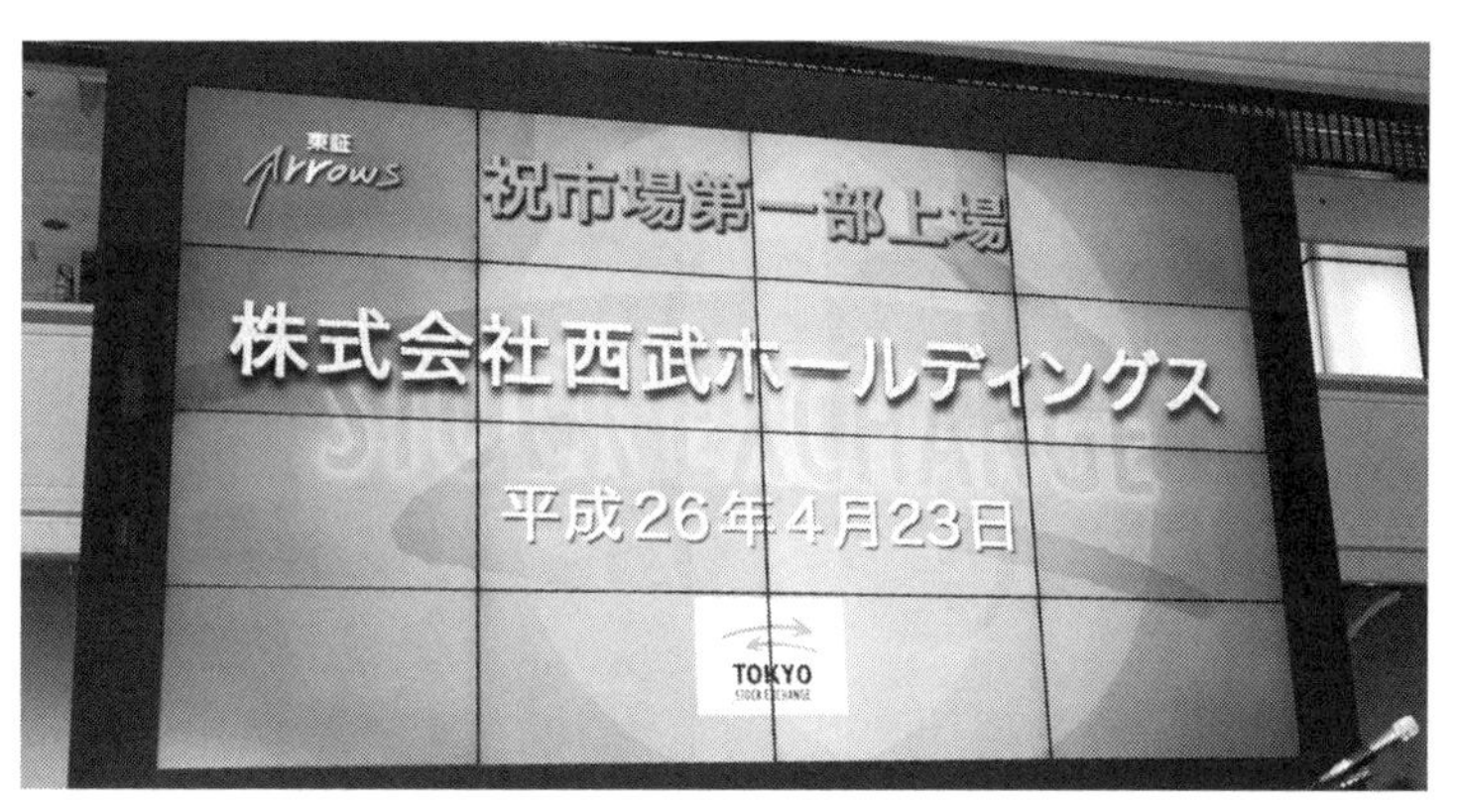

出典：西武 HD 広報部提供

西武ＨＤ再生に向けた取り組みが、世の企業人にとって極めて参考になると考えたのは、単に事業再生に成功したというレベルではないからだ。

一般的な企業であれば、リストラの経験、赤字からの脱出などが「苦しみ」に値するかもしれない。もちろん、西武ＨＤもそれらを経験しているが、それ以上に「上場廃止」というどん底から這い上がって再上場という、世にもまれな苦労を経験していることが大きい。

その意味では、艱難（かんなん）辛苦という「勲章」をもらっているようなものだ。普通の会社であればゼロからの浮上であるが、西武グループはゼロではなくマイナスからの脱出であり、その後に再上場を果たした、というのは大変なことである。だからこそ、本書にレポートを残しておく価値があると考えたのである。

会社はだれのものか、アデランス「外資ファンドの資本参加」

また、２０１５年からはアデランスの社外取締役として経営に参画、根本信男代表取締役会長兼社長ＣＥＯ（以下、根本）、津村佳宏代表取締役副社長ＣＯＯ（以下、津村）とともにグッドカンパニー（良い会社）を目指して経営に取り組んでいる。

同社は、毛髪総合関連では世界ナンバー１の企業で、世界17カ国でビジネスを展開している。フィリピンやタイ、ラオスにも工場進出を果たしており、日本とラオスとの友好関係を結ぶ絆にもなっている。

１９６８年9月に根本らがアデランスを創業して以降、今日まで表面的には順調に推移してきたかのようにも見えるが、２００９年には外資ファンドによるプロキシーファイト（株主総会の委任状争奪戦）、短期的成長への経営主導や度重なる社長交代など、苦難の時も経験した。

こうした中、２０１５年9月に代表取締役に就任した津村は、ＥＣＳＲ【ＥＳ（従業員満足）、ＣＳ（顧客満足）、ＣＳＲ（企業の社会的責任）】の実現を目指し、従業員と一体になっ

スティール・パートナーズによる資本参加で話題になった企業の一例　（図表③）

年月	会社名
2003年12月	ソトー
〃	ユシロ化学工業
2006年10月	明星食品
2007年2月	サッポロホールディングス
2007年5月	ブルドックソース
2008年5月	アデランス

出典：筆者作成

て取り組んでいる最中である。この様子については本書の第2章にまとめておいた。

不思議なことに、西武HDとアデランスには共通点がある。両社ともに、資本面で外資ファンドの出資による経営参加を経験している。

西武HDの外資ファンドはサーベラスで、一時は敵対的TOB（株式公開買い付け）で総株式の35・45％まで保有し、その後のプロキシーファイトまで行った。現在はそれを乗り越え、大株主として西武HDと良好な関係を保っており、株式も一部手放し、2016年4月時点では14・5％まで減少している。

一方のアデランスにおける投資ファンドは「もの言う株主」として知られる米国のス

ティール・パートナーズ（以下、スティール）だ。同ファンドは、日本で2000年代から（図表③）のように、いくつかの会社で大量株式保有、TOBあるいはM&Aによる投資を行った。すでに周知のとおり、コーポレートガバナンスで話題になったヘッジファンド（株主資本主義をもとに、収益確保を目標とする投機ファンド）である。

アデランスも2004年から資本参加を受け入れてきたが、スティールは2014年末にアデランスの持ち株のうち、その大多数を売却している。同ファンドの影響を受け、同社はこれまで度重なる経営者の交代もあり、苦難の道を歩んだと聞いている。ここではその詳細は差し控えるが、その後、アデランスが事業再建に向け、全従業員が一体になって取り組んでいる経営改革についても、本書の中で記しておいた。

サスティナブル・カンパニー：「ずーっと、栄える会社」、五つの条件

こうした動きも踏まえて考え出したのが、以下の「サスティナブル・カンパニー：『ずーっと』栄える会社、五つの条件」である。

一「経営理念」はサスティナブル・カンパニーへの道標（みちしるべ）

二　従業員がイキイキとして、満足度（ES＝Employee Satisfaction）が高い：「売り手よし」
三　顧客の喜び（CS＝Customer Satisfaction）を目指し、魅力ある商品とホスピタリティに満ち溢れている：「買い手よし」
四　地元に密着、地域社会の満足（SS＝Social Satisfaction）を目指す：「買い手・世間よし」
五　「安全・安心」をベースにCSR（企業の社会的責任）経営を重視する：「世間よし」

賢明な読者であればもうおわかりのことと思う。この五つは、近江商人の売り手よし、買い手よし、世間よしの「三方よし」がベースになって生まれたものだ。

巷で見られるような、「3日間限りの閉店セール」で全国各地を転々と回るビジネスには、なじみ客や地域との関係は無縁かもしれない。だが、顧客満足を目指し、地域に根ざした会社はそうはいかない。サスティナビリティ（持続可能な発展）は、経営の根幹である。

サステイナブル・カンパニーは、読んで字のごとく、持続可能な発展をしていく会社である。言葉を換えれば、百年企業、いや千年企業を目指す会社だ。このサステイナビリティを考える上で重要になる経営戦略的な発想、それが今求められている「事業構想」力である。

先行き不透明感が漂う現代、企業の新陳代謝がめまぐるしい。新しい会社が次から次へと誕生する一方、転・廃業もひっきりなしの状態だ。

このようにビジネス構造がめまぐるしく変化する状況への対応は、会社として必須のものである。つまり、常に世の中の変化や状況に合わせて、変えるべきは変え、守るべきは守るという「不易流行」の精神で事業構想を考えていかなければならない。

たとえば、コダックはフィルムに固執したばかりに新しい事業構想に立ち遅れ、ついには淘汰されたが、富士フイルムはフィルム事業を発展させて「写ルンです」を発売、さらにはデジカメの開発、現在では化粧品からバイオにまで事業構想を変化させた。

このように、一つの事業に固執することなく、常に先を見る事業構想力のある会社が、未来永劫に発展することができる。これこそサスティナブル・カンパニーといえよう。

「事業構想とサスティナビリティ」。これが、時代のキーワードだ。

その両者と密接な関係を持つのが、経営理念をもとにした、売り手よし、買い手よし、世間よしの「三方よし」に通じる「満足」の概念である。理由はなぜか、そのことをこれから考えてみたい。

従業員、顧客、地域社会の満足を向上させる「経営理念の善循環スパイラル」

サスティナブル・カンパニー、その根幹にあるのが経営理念である。

多くの場合、経営理念では、顧客や社会、当然のことだが従業員も含めて多様なステークホルダーとの良好な関係を築くことが宣言される。筋の通った経営理念があり、それが従業員に見える化されることで、トップから現場まで、すべての従業員から共感を得ることが可能になる。

経営理念とは、従業員の活動のよりどころとなるものであり、共有することで、会社に対する帰属意識も向上し、求心力が高まっていく。

従業員、顧客、地域社会の満足を向上させる「経営理念の善循環スパイラル」　（図表④）

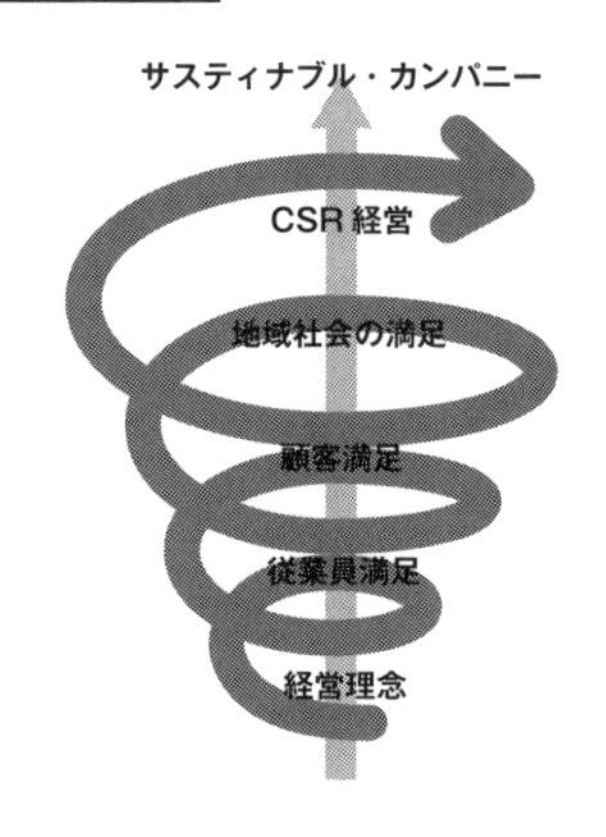

出典：著者作成

ここで、この経営理念が効果的に機能した場合を想定してみよう。

まず、リーダーや上司は、理念に沿って従業員や部下の喜びを求め、制度や体制を整えるとともに活動を支援し、従業員のやる気を生み出す。

一方、従業員は、理念に沿って顧客満足を目指して活動することで、顧客から「ありがとう」という言葉や感激の笑顔を手にすることができる。接客した彼ら・彼女たちは、顧客から支援され、「あなたのためなら……」という励ましの気持ちをもらったことで、「従業員満足」の感情が芽生える。

よくサービス業では顧客の喜びが従業員自身の喜びにつながるといわれ、前述の資生堂、西武ＨＤのプリンスホテルや西武鉄道、さらにはアデランスなど、顧客満足を目指す会社では重視される考え方だ。

顧客満足を目指す活動は、直接に消費者と接する業種・業態の会社だけのものではない。ＢｔｏＢといわれる企業間取引においても、取引先の企業が顧客としてあるわけで、それを満足させることがこの業界の顧客満足となる。

顧客満足が従業員満足を生み出した結果、従業員は経営理念を目指す活動に一層励むことができる。こうした会社は口コミや近年ではインターネットでの評判なども高くなり、地域住民や社会全体から「良い会社」との声が高まる。すると、さらに顧客が集まることとなり、会社に対する社会の満足が向上する。

つまり、「経営理念をもとに、満足を享受した従業員が顧客満足を生み出し、それが社会全般に広がり、社会の満足に結びついていく」という構図が生まれる。この構図に喜びを感じた従業員は、さらなる顧客満足の活動に精を出し、この善循環の輪が拡大していくこととなる。

ＥＳにドライブをかける「ブーメラン効果」

ある時、従業員の家族が良い評判を聞きつけ、「お父さんの会社って、こんなに素晴らしい評判があるんだね」と話せば、従業員はさらなる喜びを感じることだろう。自分の活動が会社の評判を高め、その声が自分に戻ってくるという「ブーメラン効果」だ。家族からの声によって、鏡に映った自分の会社や活動を知ることができるという意味から、「ミラー効果」とも呼ばれる。

ただ、次のように逆の場合もある。

「ＥＳ（従業員満足）なくしてＣＳ（顧客満足）なし」

これだけは確かなことだが、「こんな会社なんて」と不平不満でいっぱいの従業員には、顧客満足の活動ができるはずがない。会社に満足を感じない従業員に、顧客満足や社会との関係を良くしようという考えなどはあり得ないからだ。

よく鶏が先か、卵が先かということが議論されるが、会社においてはどちらが先という概念ではなく、ＥＳとＣＳは同時並行して追求するものである。両者が相乗作用で効果をもたらすことで、ＥＣＳＲは善循環で拡大していく。売り手よし、買い手よし、世間よしの「三方よし」もその意味では同じと考えればよい。

「経営品質」を高めるＥＣＳＲ

ＥＣＳＲが善循環で拡大することで追求されるもの、それがパフォーマンス・エクセレンス（卓越した経営業績）だ。言葉を換えれば「経営品質」といわれる概念で、サスティナブル・カンパニーに必要な考え方でもある。

この経営品質は、①顧客本位、②競争力強化、③社員重視、④社会との調和が基本的な理念[※1]といわれることからも、ＥＣＳＲにほぼ合致することが理解できよう。大きくまとめれば、「経営の仕組み」であるマネジメントの質的レベルを表す概念が「経営品質」なのだ。

本書は、これらをもとに、先に述べた「サスティナブル・カンパニー」を実現するための五つの条件を、筆者のＡＢＣから導き出し、解き明かしたものである。

それでは早速、すべての根幹となる経営理念から見てみよう。

第1章

「経営理念」はサスティナブル・カンパニーへの道標

従業員の求心力を高める経営理念

成長の足かせとなる過去の体験「経験の災い」

●バラの香りによる「経験の災い」

これまで成功した大会社であっても、会社や個人が持つ過去の成功体験や苦い思い出が、時として会社の発展の邪魔をする場合がある。

このことに関する興味深い内容が書かれた『思考と行動における言語』という本がある。カナダ生まれの言語学者のサミュエル・イチエ・ハヤカワによるものだが、彼の師匠は、数学・論理学・物理学・生物学・神経科学・心理学などを総合して一般意味論を構築した、ポーランド・ワルシャワ生まれのアルフレッド・コージブスキーである。ハヤカワはコージブスキーの研究を引用して次のように書いている。

ある日バラの花束が一人の男性の前に持参されたが、それをみた男は瞬時に花粉熱の猛烈な発作に見舞われた。彼はバラの香りアレルギーで、これまでにも花粉熱にかかることがたびたびあった。しかし、実際は、彼に見せられたバラは造花であったという。これはバラを見た瞬間に男性の過去の経験が災いしたのである。(※2)

このような状況を「経験の災い」と表現するならば、会社の中でもこの経験の災いが起きる場合がある。

その昔、A氏はある会社で新製品の開発を提案し発売したものの、まったく売れずに市場から淘汰された苦い思い出がある。当時はバブル華やかなりし頃で、インポート（輸入）製品や高級ブランドが人気を集めていた。A氏の開発した商品はボトルも簡素で「環境にやさしく、エコ」であるとして企画したものの、消費者の価値観にはそぐわず、見向きもされなかったのである。

その数年後、バブルがはじけ、それまでの反動もあり、地球環境に配慮した省資源・省エネルギーの商品が消費者から受け入れられる時代を迎えた。別の担当者から「簡素でエコ」をコンセプトとする商品が開発会議で提案されたが、A氏は昔の苦い体験から賛同することができない。これが「経験の災い」である。そこに連ねられた製品の企画案を見ただけでアレルギー反応、つまり拒絶反応を起こしてしまうのだ。

●個人の成長を阻害する「経験の災い」

「経験の災い」は人間関係でも起きることがあり、時として個人の成長を阻害することもある。

たとえば、会社で全従業員が一体となって一つの目標に向かって邁進している時に、「どうもあいつの言うことは虫が好かない。顔を見ただけで嫌気が差す」といったような、これまでの過去の悪い思い出が障害になることが考えられる。

個人や組織というのは目標に向かって努力する過程で成長するものである。せっかく成長できるチャンスを「経験の災い」によって台無しにしてしまう愚は犯したくないものだ。

また、自分が過去に上司や先輩から受けたパワーハラスメントまがいの指導を良きリーダーシップと勘違いして、管理職になった途端に部下を怒鳴り散らすなどといった行為も「経験の災い」がなせる業だろう。

全従業員が目標に向かって一体となって取り組みを進めている時には、こうした過去の成功体験や前例主義は捨て去り、ゼロベースで物事に取り組むことが大切である。会社や従業員の成長を阻害する「経験の災い」はマイナスになってもプラスにはならないことを

経験の災い

（図表１－①）

入力		結果
過去の体験（失敗・成功）	経験の災い →	個人の成長を阻害
苦しみの記憶		成長の足かせ
甘い汁、苦い経験の災い		

出典：著者作成

常に念頭に置いておくべきだろう。

このような「経験の災い」が起きそうな時にこそ、大切な役割を果たすのが「経営理念」である。

困った時、悩んだ時、迷いが生じた時などは、経営理念に立ち返れば、原点に戻り、また様々なしがらみを忘れて、「経験の災い」から脱却することができる。なにが真実で、なにが我が社の求める価値なのかなど、経営理念に込められた会社経営の本質を思い起こさせてくれるからだ。

サスティナブル・カンパニーの礎となる経営理念

●信念がもととなる経営理念

「あの会社はなにをする会社なのか、まったく見えない」

世間からこのように言われる会社があるとしたら、経営理念が不明確であるケースがほとんどではないだろうか。

経営理念とは、一言でいえば「組織を経営する上で必要な信念がもとになり、その会社の主義主張を形成する概念」である。

組織と書いたのは会社だけではないからだ。病院にも経営があり、学校やＮＰＯにも経営はある。つまり、経営がある組織には何がしかの経営理念があるべきで、逆に経営理念のない組織は、羅針盤のない航海と同じで、一時的には存在できるかもしれないが、持続的に存在し続けることはあり得ないのではないだろうか。

ここでの「信念」とは、社会一般が常識や当たり前のことと判断する「普遍的価値観」に照らし合わせて、経営者あるいは会社全体が正しいと信じる、強い使命感や決意、精神的なよりどころを意味する。単に経営に関するマネジメントの方法や直感、経験などではない。

この信念をもとに、会社のあるべき姿を理想像として描くことで、組織全体の価値観を全従業員が共通目標にすることができるようになる。

つまり、経営理念とは、会社の信条として、またイデオロギーとして、最終的には社内の人間だけでなく、広く社会からも認められ共有されるべきものなのである。

●「見える化」された経営理念に共感と賛同

「社長はいつもなにを考えているのか、さっぱりわからない」

前述の会社の話と同様で、このようなリーダーの下では従業員の間に一体感が生まれるはずがない。共通の目標もなく、判断や行動レベルがバラバラになりかねないからだ。

経営理念とは、経営者や役員だけが考えたり感じたりしていればいいような精神的な価値観とは異なり、社内外に公表・伝達され、明文化されたものでなければならない。いわゆる「見える化」されることが重要であり、社内外のステークホルダーに公表されることで、初めて共感と賛同を得ることが可能になる。その結果として、求心力が強まり、社会からも支持されるのである。

以上のことから、経営理念をさらに明確に定義すれば、次のとおりとなる。

「企業の活動に関し、企業や経営者が社内外のステークホルダーに対して宣言し明文化することで、企業と従業員が抱くことのできる共通の価値観であり、企業が持続可能な発展を目指して経済活動を遂行していく上での指導的な原理・指針である」


この経営理念をもとに事業再生を推し進め、東京証券取引所で上場廃止となりながら、約10年の歳月をかけて再上場に成功した会社が、西武鉄道やプリンスホテルなどを中核会社に持つ西武ホールディングス（以下、西武ＨＤ）だ。

プロローグにも書いたように、同社は上場廃止というどん底から這い上がって再上場するという、世にもまれな苦労を経験しており、極めて学ぶべきところが多い。

本章のあとにレポートとしてまとめているので、「経営理念」がどう作用しているのか、という視点で読んでほしい。

苦難の道を歩んだ企業からその再生に向けた取り組みを学ぶ、これこそ、サスティナブル・カンパニーを学習する第一歩である。

企業文化の源泉ともなる経営理念

経営理念は航海の羅針盤

経営理念とは、企業が目指すべき方向を明示し、その実現のために、経営活動を通じて誰がなにをどのようになすべきか、換言すれば、誰が、なぜ、なにを、どのように、そして誰のためになすべきかを、企業内外に価値観として表明し共有されるべきものである。

まずはトップの思想をコミットメントとして明確化することから始まるが、最終的には組織の理念として全従業員に共有され、社会からも認識されるべきものである。

したがって、経営者らの個人的な宗教観や価値観、信条ではなく、仮に出発点がそうであったとしても、最終的には全社組織を抱合し、かつ全従業員から理解と共感を得られる行動の指針たるべきものでなければならない。

その意味からも、経営理念とは、組織内に共通した企業経営の価値観であり、指導原理であり、さらにはあるべき姿の理想像といえる。その経営理念あればこそ、従業員は行動の道筋を求めることができるのである。いわば航海の羅針盤みたいなものだ。

こうした経営理念へのこだわりを示す一つの事例があるので、紹介しておきたい。

経営理念以外はすべて変えてよい

「V字回復」という言葉がある。急激に下がった業績を一気に回復させることで、その業績を折れ線グラフで表すと「V」の字になっていることから、そう呼ばれている。

2000年代前半に、この「V字回復」を成し遂げたのがパナソニック（旧・松下電器産業）だ。

この時、どん底の状態からV字回復を目指す経営改革において、重要な役割を果たしたといわれているのが、1929年に創業者の松下幸之助が制定した、「綱領：産業人たるの本分に徹し、社会生活の改善と向上を図り、世界文化の進展に寄与せんことを期す」と呼ばれる同社の経営理念である。

今から10数年前になるが、同社は2001年度に純利益がマイナス4310億円の赤字決算を余儀なくされ、創業以来の経営危機に瀕した。

パナソニックの綱領

（写真１－②）

出典：パナソニックコーポレート・コミュニケーション本部提供

この時、パナソニックの社長（現・相談役）だった中村邦夫氏（以下、中村）が従業員に向けて発した有名な言葉がある。「経営理念以外はすべて変えてよい」だ。

中村は大改革に乗り出した。当時、そこからの脱出は「不可能」とまでいわれた。そうした苦境にあっても従業員の心を一つにして苦難の道から脱出できたのは、ひとえに経営理念が求心力となって作用したからである。

創業者の名前を冠した「松下電器産業」が、その名を捨てパナソニックに社名を変更したのは、２００８年のこと。松下綱領と呼ばれたこの経営理念は、幸之助が頑なに守り通したもので、社名を変更したあともなお、従業員のよりどころとして生きている。

こうした改革を乗り越えて、同社は今日に至っている。パナソニックは２０１６年度から国際会計基準（ＩＦＲＳ）に移行する。前期をＩＦＲＳベースで見れば、今期の売上高は7兆６０００億円でほぼ横ばい、純利益は１４５０億円で9％ほど減る見通しだ。

今期も構造改革を継続するという。現社長の津賀一宏氏（以下、津賀）は「各事業の立ち位置を見極めて目標を立てた」と強調している。中でも重点分野の車載事業では、２０１９年3月期で売上高を2兆円とする目標達成に向け、自動運転システムなどの強化を急ぐ。

津賀もまた、経営理念を全従業員のよりどころとして重視している。困難に立ち向かう時には道筋を示し、改革にドライブをかける際にも、この経営理念がエネルギーとなっているのだ。

経営理念をもとに「柔軟な発想を育む」企業文化を創造

このような経営理念の確立と浸透を通じて、その企業固有の文化、すなわち企業文化が蓄積されていく。

しかし、経営理念だけが企業文化の源泉となるかというとそうではなく、当然のことな

経営理念から企業文化へ　（図表1－③）

経営理念
企業使命
事業領域
行動規範
企業行動基準、経営倫理規程
経営方針
長・中期計画、短期・年度計画
企業文化
企業文化
企業文化

出典：著者作成

が企業目的や行動規範など、具体的価値基準や行動様式の明文化が求められるのはいうまでもない。

（図表1－③）に示すように、経営理念は企業使命と事業領域に反映される。それを受けて従業員の活動の道標ともなる企業行動基準や企業倫理規程が策定され、さらには経営方針として長・中期計画や短期・年度計画策定の際の判断基準となり、マネジメントとオペレーションといった管理と業務執行レベルの行動にブレイクダウンされる。

それらが従業員によって着実に実践されることによって、活性化された企業文化がつくり上げられていく。経営理念や、社是・社訓に基づいて策定されたものであっても、実践を伴わなければ生きた企業文化は生まれないのである。

●3Mの企業文化「汝アイデアを殺すことなかれ」

経営理念を見える化して、自由な発想を育む企業文化で成功した会社が、接着剤の付いた付箋『ポスト・イット』で有名な、米国企業のスリーエム（以下、3M）だ。

1902年にミネソタ・マイニング・アンド・マニュファクチャリング社として創業（のちに英語名の頭文字三つのMから3Mの社名が生まれる）した同社には、「汝アイデアを殺すことなかれ」という、従業員の創造性を育てる素晴らしい企業文化がある。

その根底にあるのが四つの経営理念だ。そのうちの一つ、「優れた品質と価値を提供することによって、顧客を満足させる」は、同社の新製品開発の背景となる重要な理念である。

この経営理念が従業員のよりどころとなって、①人間の尊厳と価値の尊重、②行動の重視、③自主性の奨励と失敗の許容、などの企業文化が築かれ、同社の新製品開発における自由な風土や柔軟な発想が育まれてきた。

創業以来一貫して、アイデアを尊重する姿勢が貫かれてきた背景には、同社らしさを体現した経営理念と企業文化の存在があるわけだ。

100年以上にわたる歴史を経て、素晴らしい企業文化が築かれ、従業員共通の目標、

従業員の自由度を高める、3Mの「柔軟な企業文化」　（図表1－④）

15%ルール	勤務時間の15%は、自分の好きなように使ってよい。
ブートレッギング	上司に隠れて自分が好きな仕事をする。上司もそれを見て見ぬふりをする。
ノートライ・ノーエラー	「挑戦なきところに、失敗なし」は、常に挑戦すべしの意。チャレンジした結果の失敗は、積極的失敗として許容される。
プロダクト・チャンピオン制度	発案者がリーダーになることで、新製品の事業化や新規事業の育成を支援する制度。
スポンサーシップ制度	プロダクト・チャンピオンを潰さないように、積極的に支援する制度。

出典：筆者作成

共有された信念として認識されている。彼らが満足感と充足感を感じていることを示す、いくつかの言葉が同社にある。

その一つが「15%ルール」という不文律だ。3Mには自分の勤務時間のうち、15%（8時間勤務ならば1時間）は、自由に使ってよいという暗黙のルールがある。

たとえば、学生時代が理工系だったので、研究室で試験管を振って研究するのが大好きという従業員がいたとしよう。彼の今の仕事は経理だが、その仕事を1時間早く終えて会社の研究所で新製品開発の研究をしたい、というのであれば、それも認めようという文化だ。

●「15％ルール」で自由な発想を育む

３Ｍではこれまで、その「15％ルール」から様々なアイデアや製品が誕生している。『ポスト・イット』もその一つだ。

このルールを生んだ背景には、従業員の多様な価値観を認め、自由な発想を育てていこうとする風土がある。

３Ｍの化学者だったスペンサー・シルバーは、１９６８年に接着剤用ポリマー（重合体）研究のプロジェクトに加入し、ポリマー作成に乗り出した。彼はポリマー生成のもととなる原料の化学薬品の処方を変更し、多量に使用して実験を行い、試行錯誤を繰り返していた。

ある時、透明な接着剤を開発したが、粘着力が弱く、紙を貼り合わせても簡単に剥がれてしまう。強固な接着力で半永久的に貼りつくのが優れた接着剤という従来の概念からすれば、まったく不完全で製品としての価値はないに等しいものである。しかし、何度も貼り合わせの実験を繰り返すうちに、どちらか一方の紙には接着剤が残る特殊な性質があることを発見した。

この特殊な性質は従来の接着剤にはない新しい発見であることから、当初のプロジェクトが解散したのちも、彼は15%ルールを活用して研究を継続した。15%が20%、30%になり、本業がおろそかになったため解雇されるが、それでもなお、毎日会社に出社し、ひたすら研究を続けたのである。

●暗黙の了解「ブートレッギング」

実は、こうした彼の執念ともいえる仕事ぶりを認める「ブートレッギング(bootlegging：密造酒をつくるという意味)」という言葉も3Mには存在する。

そもそもは米国の禁酒法時代に生まれた言葉だが、技術者が上司から研究を中止するようにと命令された課題であっても、勤務時間後、密かに研究を継続し、上司もまたそのことを承知していながら認めるという暗黙のルールだ。

シルバーは解雇されながらも密かにブートレッギングを行い、その熱意に会社側は再度、彼を雇用した（最終的には副社長として退社した）。

この接着剤は、彼の社内への熱心な働きかけによって特許も取得され（ただし、販売見込みが少なく、取得経費の関係で国内の取得にとどまったが）、「ピンを使用しない掲示板」として製品化された。

その後も「貼ります」「剥がします」とやる彼の熱心な社内アピールは続き、やがて、ある出来事が起こる。

1974年、アート・フライという研究者が、日曜日に教会で賛美歌を歌おうと起立した瞬間、歌集に挟んでいたしおりが床に落ちた。その時、フライは「のりが付いたしおり」があればとひらめき、シルバーがアピールしていた、すぐはがれる接着剤のことを思い出したのである。

こうして『ポスト・イット』の開発が始まる。フライも15%ルールを使って、試作品の製造機械まで自分でつくり、現在の『ポスト・イット』が完成したのである。また、3Mでは「ノートライ・ノーエラー」、すなわち、チャレンジ精神のないものは認められず、チャレンジした結果の失敗は積極的失敗として許される風土がある。このように、密かに研究活動を行う「ブートレッギング」と一体になった企業文化が、シルバーやフライの活動を支援したといえよう。

●プロダクト・チャンピオン制度とスポンサーシップ制度

３Ｍでは、『ポスト・イット』の場合もそうだが、新製品アイデアが承認されれば、事業に必要なマーケティング、技術、製造、財務などが社内リクルートされ、プロジェクトチームが結成される。

この制度は、発案者がリーダーとなる「プロダクト・チャンピオン制度」と呼ばれ、新製品の事業化や新規事業の育成支援となる。加えて、プロダクト・チャンピオンを潰さないよう、逆に積極的に支援する「スポンサーシップ制度」もあり、イノベーターともいうべきプロダクト・チャンピオンをどれだけ支援したかは、部長以上の管理職の業績評価項目の一つにもなっている。

ここでのスポンサーの役割は、イノベーターの保護・育成・支援など、リーダーとしての側面が強調されており、「支援はするが口は出さない」「善意によってイノベーションを潰さない」など、介入への自己統制が求められている。

スポンサーの持つべき資質として、第一に信念、第二に忍耐、第三には「一時的失敗と致命的失敗の差異を見抜く能力」が要求されている。

「汝アイデアを殺すことなかれ」に見られるように、従業員の自発性を大切にする企業文化によって、新しい製品や制度が生まれるのである。

特に新製品開発においては、アイデアの数が第一に重要であり、常識や前例、過去の慣例という「凶器」で、新しいアイデアを殺さないことが肝要だ。「経験の災い」による悪影響を努めて予防する必要があるだろう。

一般的に、新しいアイデアが社内から生まれれば生まれるほど、ヒット製品が誕生する確率は高くなる。3Mの15%ルールもそれをバックアップする制度として有効である。

さらに、「ブートレッギング」を支援する企業文化も、15%ルール同様、従業員の育成と企業の繁栄に多大な貢献をしているといえるだろう。

これらは、創業以来、長年にわたって3Mが掲げる「人間の尊厳と価値を尊重する企業文化」が育んだ産物なのだ。

東芝事件「グラつく理念、三猿文化（さんざるぶんか）」

●過剰なチャレンジ、何も言えない企業文化

パナソニックや3Mの事例のように、多くの場合、経営理念が羅針盤となり、トップも含めた全従業員が共通の目標に向かって一致団結する。だが、時として、それがぐらつき、機能しない場合もある。次に挙げる東芝の不正会計事件がその悪しき見本だ。

記憶に新しい東芝の不正会計事件では、トップが現場を見ない、部下や現場の意見を聞かない、さらには誰も「おかしい、変だぞ」と言わない、という背景があった。自由にものが言える企業文化が必要なのだが、明らかにそれが欠けていた。筆者はこのような企業文化を「三猿文化」と称している。三猿文化とは、日光東照宮の神厩舎にある三匹の猿「見ざる、言わざる、聞かざる」の彫刻をもとに考えた筆者のアイデアだ。

三猿の本来の意味は、「三匹の猿の一生を描きながら、人間の生き方を伝える内容で、「子供の時は悪いことを『見ざる、言わざる、聞かざる』との教え」を表したものだ。東芝の不正会計事件では、トップも含めて、誰もなにも「見ざる、言わざる、聞かざる」という

日光東照宮にある三匹の猿「見ざる、言わざる、聞かざる」（写真１－⑤）

出典：著者撮影

駄目な企業文化を示す意味で使用している。

１８７３年の創業から１４０年を超える歴史を持つ東芝。同社には「東芝グループは、人間尊重を基本として、豊かな価値を創造し、世界の人々の生活・文化に貢献する企業集団を目指します。」という立派な経営理念が掲げられているが、それがぐらついてしまったわけだ。

経営理念だけではない。経営ビジョンやブランド・ステートメント、グループ行動基準も定められた、立派な会社だ。にもかかわらず、こうした事態を招いてしまった。その大きな要因として、歴代トップのリーダーシップに問題があったものと思われる。さらに言えば、数代にわたって続いた不祥事に疑問を感じないような「三猿文化」の企業風土になっていたことが根本要因だろう。同社の「チャレンジ」という言葉がマスコミでも騒がれたが、企業であれば、より高い目標に向かってチャレンジするのは当然のことである。そのこと自体は、別に悪いことではない。

しかし、その度合い、つまり短期的な売り上げ重視の「過剰なチャレンジ」と、その進め方に問題があった。そういうやり方で、これまでは業績拡大を図ってきたのだろう。

歴史がある企業にはありがちなことだが、過去の成功体験にあぐらをかいた「経験の災い」そのものがあったと言わざるを得ない。日光の三猿は逆説的に「現場を見て、部下の言葉に耳を傾け、互いに自由に語り合う」リーダーシップが、経営者に必要なことを教えてくれる。

●経営理念を逸脱、「五つの禍根」

同社のトップ層が引き起こした問題は次の五つだ。

第一は、短期的な利益至上主義でトップが裸の王様になってしまったこと。単なる上意下達の企業風土が蔓延し、現場の情報、中でも耳の痛い報告が入らなくなっていた。あるいは、部下が報告に来ても現場の意見に耳を傾けなくなっていたのかもしれない。

第二は、トップが現場の空気を読めなかったこと。つまり、現場を見ていない。現場の空気を読めないというのは、突き詰めればトップとしての善管注意義務違反である。

第三は、トップの意見が他の役員に理解されなかったこと。トップが正しい判断や方針を出しても、部下の役員が無視をすれば意味がない。仮に理解されたとしても、不満を持ちながら、立場上は従わざるを得なかったことも考えられる。部下のほうで勝手に無理な売り上げや数字をつくり上げてしまったという可能性もあるだろう。もしそうであれば、いわゆる内部統制違反だ。

第四は、コンプライアンス違反に対する取締役会の相互監視義務違反。取締役は、他の取締役がコンプライアンス違反を犯していないか、文字どおり相互に監視する義務がある。これは特に社外取締役に求められる重要な機能でもある。企業倫理違反があれば「ノー」を突きつけなければいけない。

このように、立派な社外取締役が参加していながら、その義務や機能を果たせないケースがあることも、実は東芝の問題からの学習である。

第五は、人事を私物化したこと。人脈、派閥など、よく言われることだが、こうした人事が横行していた。しかも、監査委員会は、委員長に直近まで財務責任者であった者を任命し、都合のよい自己監査になっており、正しい監査が機能しないような仕組みになっていた。

これら五つの要因から、結果として、経理・財務部、経営監査部、内部監査部、執行役員の経営会議、取締役会、監査委員会等の内部統制システムが、ほとんど機能しなかったと言わざるを得ない。

東芝のホームページによれば、１９９０年5月に「東芝グループ行動基準」が制定されている。「経営理念と経営ビジョンを具体化し、公正、誠実で透明性の高い事業活動を行うとともに、持続可能な社会の形成に貢献する企業であるための行動指針として定めたもの」とある。経営理念やグループ行動基準を制定し、内部統制のルールを策定しても、それを機能させる統制環境、さらに言えば、トップをはじめとしてそれを順守する企業風土がなければ、画餅（絵に描いた餅）に帰す。東芝の事件がそのことを物語っている。

リーダーは、常に現場を見て、部下と対話を心がけ、部下の言葉に耳を傾けるという、「見る、話す、聞く」ことが、重要ということだ。

「我が社らしさ」の企業文化

経営理念に育まれる「企業文化」

ピーター・ドラッカーが『新しい社会と新しい経営』で指摘しているように、そもそも企業は自律的制度、つまり、企業自らが理念を定め、それに基づいて行動の指針やルールを定めるのが基本である。[※3] 他の企業や行政など、外からの圧力を受けて左右されたり、コントロールされたりするものではない。

確かに、株主など利害関係者からの意見や要請もあるが、それでさえも企業自らの意思で受け入れを判断するものである。その判断基準となるものが経営理念であり、その理念をもとに、長い年月を超えて形成されるのが企業文化である。企業文化は、人、モノ、金、情報に次いで、第五の経営資源といわれるほど重要視されているものだ。経営学者のエドガー・シャインは、『組織文化とリーダーシップ』の中で、企業文化について次のように記している。

「企業文化とは、経営理念などをもとに、長年にわたり『組織のメンバーによって共有され、機能する価値や信条にもとづくもの』と規定されている。当然のことながら、組織であることから『単独の個人だけで形成されるものではなく、二人以上の構成員によって無意識の内に構成される基本的仮定、信念である』」(※4)

なお、同じような意味合いで使用されれるのが、企業風土である。

G・H・リットビンとR・A・ストリンガーの著書『経営風土』によれば、企業風土とは「仕事環境で生活し、活動する人が、直接的あるいは間接的に知覚し、彼らの動機づけおよび行動に影響を及ぼすと考えられる一連の仕事環境の測定可能な特性」(※5)とある。

つまり、企業風土とは、企業理念や哲学の有無にかかわらず、ある環境下において、組織内で無意識に形成されていく行動パターンから生まれたもので、「目には見えない組織の体質」のようなものだといえるだろう。

「企業文化」と「企業風土」の大きな違いは、理念や哲学の下で長年にわたり形成される企業や構成員の価値観が「企業文化」であり、理念や哲学の有無にかかわらず、ある環境下で無意識の行動によって形成されていく体質が「企業風土」といえよう。ただ、現実の企業では、同じような意味合いで使用される場合が多く、本書でもほぼ同じ意味合いで使用している。

「おもろい企業文化」を大切にする、小林製薬

●「あったらいいな」をカタチにする

多くの会社が「我が社らしさ」を大切にしている。自由にものが言えるユニークで自由闊達な企業文化や、他社にはマネすることができない商品やサービスなど、「我が社らしさ」は様々だ。そうした会社の一つに、『熱さまシート』や『サワデー』など、自社商品にユニークなネーミングをつける小林製薬がある。

製薬業界は今、新薬・新製品の開発で激しい競争が繰り広げられている。

第一三共（第一製薬と三共）、アステラス製薬（山之内製薬と藤沢薬品工業）、大日本住友製薬（大日本製薬と住友製薬）、田辺三菱製薬（田辺製薬と三菱ウェルファーマ）など、生き残りのための合併や統合による再編の嵐が吹き荒れる中、大阪に本社を置く小林製薬は、従業員が自分の考えや意見を自由に発言できる「おもろい文化」を育んできた。

おもろいとは大阪弁で「面白い、しかも変わっている」ことを指し、単に面白いだけではないニュアンスのある言葉である。小林製薬のそれは、オープンなコミュニケーションを大切にする、いわゆる風通しのよい企業文化からでき上がったものだといえるだろう。

この企業文化は就業規則などで明文化されているかといえば決してそうではない。また、一朝一夕にして築けるものでもない。多くの従業員が尊重し、築き上げ、さらに伝承され続けることで育まれた文化である。そこで生まれたのが『あったらいいな』をカタチにする」という、同社の製品開発における基本コンセプトである。従業員が「あったらいいな」と思うものを製品化すれば、顧客に喜んでもらえる。つまり売れる、というわけだ。

熱がある時に額に冷たい濡れタオルをのせると気持ちがよく、熱も早く引くが、就寝時に寝返りを打ったらあっという間に額から落ちてしまう。額にのせたまま、立ち上がることも歩き回ることも、手で押さえておかない限りは無理だろう。歩き回っても落ちない濡れタオルは、まさに「あったらいいな」であった。

それを冷却剤付きの粘着シートで実現したのが、大ヒット商品『熱さまシート』である。そういうおもろいネーミングの商品を小林製薬は次々に製品化し、ヒットさせている。

●「並外れた顧客満足」を目指す

小林製薬は、会社自体も「おもろい企業文化」を育む環境づくりに努めている。いろいろな製品の開発コンセプトを題材にした川柳を社内から公募し、入選作を集めて『あったらいいな』をカタチにする川柳で彩る366日」という日めくりカレンダーを2008年につくったこともある。毎年作成しているものではなく、同社の企業文化を育む意味での特別製作である。

従業員約2500名（連結：2015年3月末）の会社だが、年間3万5000件以上もの新製品や業務改善の提案があるという。ちなみに、1年間で最高700件もの提案をした従業員がいたそうだ。

このカレンダーの中の、ある一日を例に挙げると、「チュー性脂肪　今年は減らすと絵馬に書き」（小林ごんた・匿名作）というのがある。いわゆる脂肪太りで、特におなかに脂肪がたまりやすい人に向けて、脂肪の分解・燃焼を促す漢方薬『ナイシトール』を小林製薬は販売しているが、これにまつわる川柳である。この年の干支であるネズミと中性脂肪にかけて「チュー性脂肪」というわけだ。

『あったらいいな』をカタチにする川柳で彩る366日日めくりカレンダー　（写真1－⑥）

出典：小林製薬提供の日めくりカレンダーを筆者撮影

「チュー性脂肪
今年は減らすと絵馬に書き」
（小林ごんた・匿名作）

こうしたユーモア溢れる川柳の数々から、のびのびと楽しんで仕事をしている小林製薬の社内の雰囲気が伝わってくる。従業員の自由な発想から顧客満足に向けた提案がどんどん生まれてくるのだろう。『ナイシトール』もその一つである。

中には突飛なアイデアであっても、従業員がお互いを認め合い、褒め称え合うことで、そのアイデアが膨らみ実現する場合もある。その際の判断基準が、常に顧客の喜ぶ顔を思い浮かべるという「顧客満足」だというのが、いかにもこの会社らしい。

普通では考えられないような商品であっても、新しい提案を受け入れる環境を皆が暗黙のうちに認め合い、議論し、改善を加えながら商品に結びつけていく。だからこそ、「あったらいいな」を次々とカタチにすることができ、結果として小林製薬という企業の成長につながっていくわけだ。

同社は2003年から「コーポレート・ブランド経営」に取り組むことを宣言し、その核として「並外れた顧客志向」を貫くこととしている。筆者は以前、同社の会議で従業員とコーポレート・ブランドについてディスカッションを実施したことがあったが、丸1日の会議の中で出てくる彼らの発言の背景には、常に「どうすればお客様が喜ぶか」があった。
それまで多くの会社で従業員とのディスカッションを経験したことがあるが、同社の会議に参加して、これこそ「並外れた顧客満足」の思想だと痛切に感じた記憶がある。「素晴らしい企業文化は、努力なしでは育たない」ということ。そして、その背景には「普通ではなく、並外れた顧客満足」を目指す思想があることを学んだ経験である。

暗黙知から形式知へ

企業は、企業自身の理念や長年の蓄積から築き上げた特有の文化を持つ。時として企業文化は企業風土とも呼ばれるが、風土というものは過去からの慣習や慣例などからつくられるものであり、その結果として生まれる企業の価値観や行動などについては、小林製薬のケースが参考になるだろう。これらは視聴覚で捉えることのできる領域だけでなく、非言語的・包括的な知として（たとえば言葉や文章ではなく）暗黙のうちに了解されるものもある。このような知のことをマイケル・ポラニーは、「暗黙知」と表現している。[※6]

この暗黙知は明文化されたものではないため、個人の価値観によってその受け止め方が変わることもある。正確に明文化されないということは、様々な誤解を生むリスクをはらむ。伝える側と受け取る側で、その内容が異なる場合もあるわけだ。

たとえば、「そこに四本足の動物が歩いている」と言った時、伝える側が「犬」を想定していても、受け取る側は「猫」を想像するかもしれない。漠然と同じ言葉を用いても、それぞれに受け取る意味合いが異なることは、ままあることなのだ。

犬や猫で話が済む場合は大きな問題ではない。だが、会社の中での考え方や発想に関してはそうはいかない。ましてや経営理念ともなれば、組織が一体感を持てない要因になりかねず、取り返しのつかない重大な誤解を生じる事態も考えられる。

だからこそ、言語的・分析的知として、組織やその構成員が形式的に認知した「形式知」としての理念をつくり、それを共有することが必要なのだ。いわゆる「黙って俺の目を見ればわかる」方式では駄目である。暗黙知を形式知として明文化し、全従業員が価値を共有できる経営理念としていかなければならない。

企業文化の形成過程は多種多様

その一方で、企業文化というものは、言語的・分析的知としての「形式知」のみならず、非言語的・包括的な知としての「暗黙知」からも形成される。しかも、企業全体で統合化された単一の文化の場合もあれば、グループ会社のようにそれぞれが異なる場合もある（一般的には異なる場合のほうが多い）。

詳細はのちほど述べるが、西武ＨＤについていえば、鉄道事業である西武鉄道は安全・安心を重視する「安全文化」が全社共通の文化となっている。一方、プリンスホテルでは、ホスピタリティ、おもてなしの文化を重視する。このようにグループ会社間であっても異なるケースが生じるのは、企業文化というものが、従業員が共有する学習効果や経験知が蓄積されて形成されるものだからだ。

グループ会社だけでなく、同じ会社内であっても文化が異なる場合もある。総合的に形成された多種多様なサブカルチャーが存在する多元的文化を持つ会社では、そうなりやすい。

職種別文化やグループ単位、課・部単位で築かれた文化もあれば、地域や組織階層別に形成される文化もある。経理部門では金銭を扱う以上、当然のことながら規律や正確性を重視する文化となり、一方、クリエイティビティ（創造性）や発想の広がりを重視する宣伝部門などでは、自由奔放なのびのびとした企業文化が形成されやすい。特に、宣伝・広告に優れた会社、たとえば筆者が勤務した資生堂ではそのことを痛感したものだ。

さらにいえば、こうしたものは一朝一夕にして短期間で完成されるものではない。長年にわたって培われ育まれてきたものに基づいて形成される風土・習慣があり、そこから派生する企業文化は実践されることで生きた企業文化となっていく。

明文化された経営理念があっても、画餅では生きた企業文化は形成されようがない。組織内外から見た従業員の行動パターンに対する共通認識によって、その企業文化が見えてくるといえよう。

活力がみなぎる企業文化

その意味から、改めて企業文化とはなにかを定義すれば、次のようになる。

「企業の組織全体、また従業員に共有された普遍的な価値観や、考え方・意思決定・行動の判断基準に基づくものである。そして、長年にわたり形成され、組織内外から共通に認識される行動パターンを概念化したものである」

しかし、企業文化は未来永劫に不変のものではない。組織あるいは従業員に形成されるものであるから、時として組織が志向する（たとえばリーダーが目指す）経営戦略に関連して変化する。また、チャンドラーの言うように「組織は戦略に従う」の命題を踏まえて組織の変化や構造にも関連する。(※7)

経営改革を進める際や、変化やイノベーションを創造する場合には、オープンなコミュニケーションを通じて従業員が自由闊達に振る舞えることが必要だ。そのような組織は活力がみなぎり、業績向上に向けて全員が切磋琢磨しながら突き進んでいく企業文化を生み出すこととなる。

特に、不況で企業経営がコストカットにばかり目が行けば、従業員の活動は縮小し、将来の夢や希望を語ることもできなくなるだろう。たとえ経営状況が厳しくとも、常に時代の先端を読み、共通の目標に向かって従業員が相互に協力し合いながら、元気の出る職場をつくる姿勢が大切だ。そして、うれしい時にはともに喜び、困った時には皆で助け合う。このように喜怒哀楽を共有できる文化があれば、逆境を乗り切るための活力みなぎる組織が生まれるだろう。

このことを実践する会社がリクルートだ。銀座にある同社のオフィスを筆者が取材で訪問した時、驚きと感動を抱いた経験がある。『ケイコとマナブ』『じゃらん』など雑誌の出版部門では、社内の至るところに天井から黄色いビラがぶら下がっている。まるで、オフィス内が下げ札のジャングルのような印象だ。

そのビラをよく見れば、「『ケイコとマナブ』30万部達成」「『じゃらん』20万部達成」などと書かれている。目標販売部数が達成されると、その時点で皆が大声で「おめでとう！」と声を掛け合い、拍手して大喜びする。お互いに切磋琢磨しながら、認め合い、喜びを分かち合う文化がそこにあるのだ。この「元気が出る企業文化」こそがリクルートの企業文化そのものといえるだろう。

日本古来の近江商人にもあった「経営理念」

近江商人が育んだ「三方よし」

従業員や顧客、取引先などから喜ばれ感謝される会社には、これまで述べたとおり経営の指針となる明確な経営理念がある。

ＮＰＯ法人の三方よし研究所がまとめた『近江商人の理念と商法』によれば、日本ではすでに戦国時代の末期頃から経営理念の原型ともいえるものが存在していた。（図表１－⑦）に示される「売り手よし、買い手よし、世間よし」の「三方よし」がそれである。

近江の国、現在の滋賀県は、「高島商人」「八幡商人」「日野商人」「湖東商人」など、多くの近江商人を生んだ土地である。ふるさとの近江を離れて全国各地で商いを行い、地域の産業の発展に多大な貢献をした近江商人たち。彼らが大切にしていた経営理念、それが「三方よし」である。

「三方よし」の経営理念 （図表1－⑦）

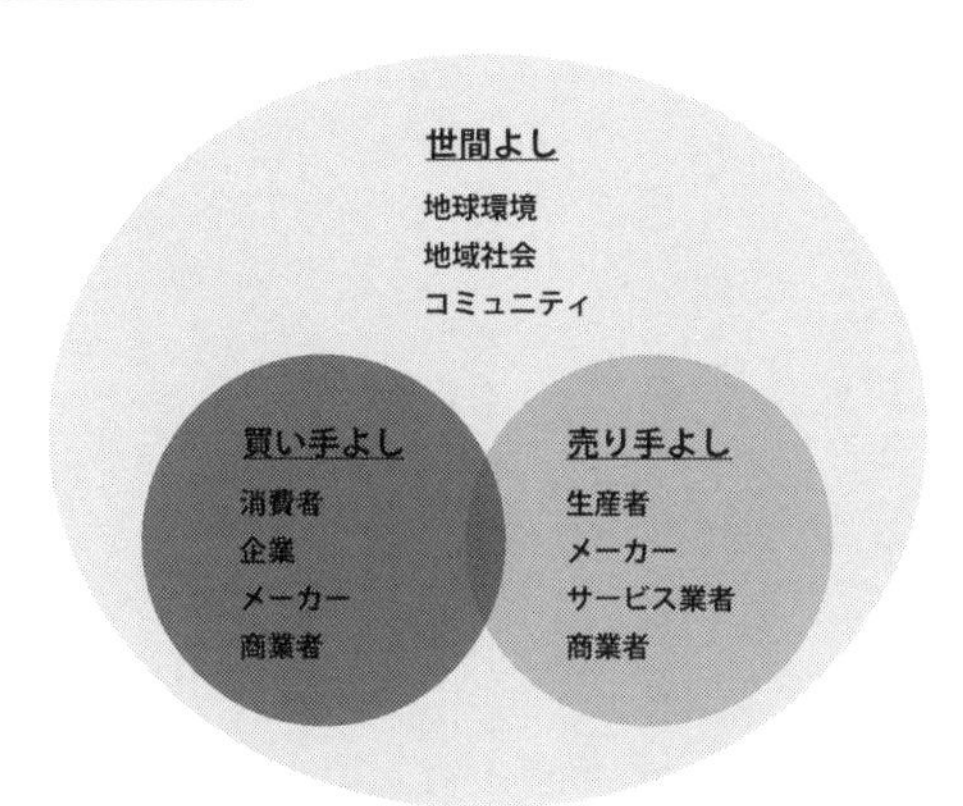

出典：「三方よし研究所」ホームページより

近江商人は行商で訪れる地域の特産物などを仕入れて別の地域へ運び、その地で商いを行い、またそこの特産の商品を同様に仕入れて他国で売りさばくという「諸国産物回し」の商いを展開した。

この商法や理念は現代における「商社」の原点ともいわれ、日本の流通機構や経営原理に多大な足跡を残した。近江商人の「三方よしの経営理念」は、脈々として今日まで受け継がれている。

そうした近江商人の中の一人、彦根藩を中心とした「湖東商人」の伊藤忠兵衛は、総合商社の「伊藤忠商事」や「丸紅」の創業者として有名である。

両社はすでに150年に及ぶ歴史を刻み、

三方よしを背景に経営理念を明文化して、会社案内、ＣＳＲレポート、アニュアルレポート、ホームページなど、多様なメディアで社内外に公表し、ありとあらゆる機会を通してアピールしている。

当然のことながらこうした活動から、従業員は活動のよりどころを明確にし、全員が共通の目標に向かって歩み続けることができるのだ。

また、「高島商人」は、戦国末期から江戸時代にかけて盛岡まで出かけていったことから、「琵琶湖のアユは外へ出て大きく育つ」といわれ、近江商人の原型とされている。

この地の出身である髙島屋飯田呉服店は京都で成功した。それが現在の髙島屋百貨店の前身である。

三方よしを礎として経営改革・西川産業

●すべてのステークホルダーとの共栄を目指す

近江商人を源流としながら、４５０年の歴史を刻み続け、幾多の苦難を乗り越えてきた会社もある。室町時代に当たる１５６６年（永禄9年）、琵琶湖のほとりの近江八幡を創業の地として、初代西川仁右衛門が19歳の時に商いを始めたのが、寝具卸の西川産業だ。

西川産業創業の地、近江八幡の風景　（写真１－⑧）

出典：2014年３月、筆者撮影

世にいう「近江商人」の営業形態の始めは諸国産物回しの行商であった。近江から各地に運んで売りさばいた麻布、呉服、綿織物、蚊帳などの「持ち下り（もちくだり）商品」と、売りさばいたお金で仕入れた生糸、紅花、塩干物などの「登せ（のぼせ）商品」の往復取引でもうけていた。

初代仁右衛門も近江商人らしく、四人の息子を連れて生活必需品を売りさばいていたようだ。当初は蚊帳の行商から始まり、創業から20年ほど経った１５８７年（天正15年）に、近江商人発祥の地である近江八幡に二代目西川甚五郎が店を設けている。後年、西川甚五郎は、西川庄六、森五郎兵衛らと並び、「近江八幡の御三家」とまで呼ばれる名門商家となった。

●「伝統と革新」の遺伝子

西川産業は現在、売上高345億円（2015年1月期）、従業員数995名、寝具、寝装品などで有名な会社となっており、1984年には眠りの質を科学的に研究するという、当時としては先進的な組織、日本睡眠科学研究所を設立している。

花王生活科学研究所（1971年）はすでに存在していたが、資生堂のビューティーサイエンス研究所（1985年）など、自社の事業領域にかかわる生活者研究所の設立が盛んな時代であった。

このように同社には、三方よしという伝統を重んじつつも、常に新しいものを求めて革新に取り組む「伝統と革新」の遺伝子が流れている。

西川産業のホームページを見ても、その一端をうかがうことができる。

そこには、「中でも『共栄』の実現は、従業員の人間性の尊重を基本とした人間関係の中で、『誠実』『親切』を通してのみ実現できるものと考えています」とある。

このメッセージを知った時、筆者は寝装具という業種の会社だからこそ、顧客や従業員も含めて、「人の夢」を実現する企業であると感じた。

三方よしを実現すべく、「誠実」「親切」「共栄」の三つをモットーとして、顧客、販売店、仕入先をはじめ、西川産業を取り巻くすべてのステークホルダーの喜びを目指す、それが同社の経営理念でもあるのだろう。

●社員の夢は、コインの両面

従業員が抱く夢の実現は、他のステークホルダーと良好な関係を築く上でも極めて重要だ。なぜなら従業員は（図表1－⑨）のとおり、コインの両面を持つ存在だからである。

従業員はある一面では、当然のことながら自分自身の夢の実現に向けて邁進し、会社から喜びを受け取る（感じ取る）立場である。しかし、もう一面では、顧客や販売店、仕入れ先などに自分から働きかけて、彼らの夢の実現に向けて喜びを提供する側であるはずだ。また、そうでなければ企業の持続可能な発展はあり得ないだろう。

会社の夢の実現の要は、すべての従業員であり、その原動力は従業員一人ひとりの行動力にあるといっても過言ではない。そして、現場の彼らをサポートするリーダーの熱い思

コインの両面を持つ従業員の夢は　（図表1－⑨）

コインの一面　　コインの別の一面

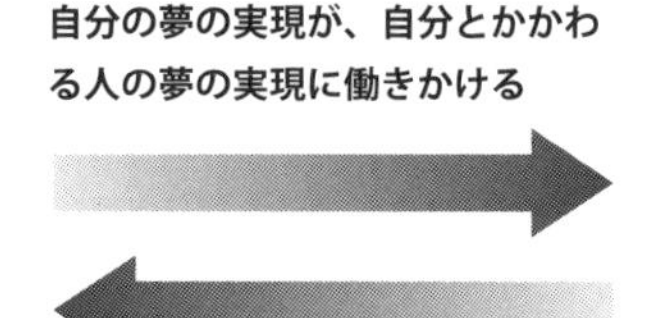

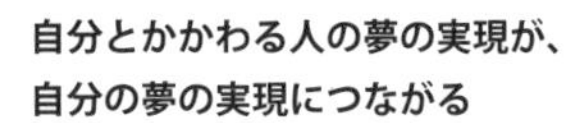

出典：筆者作成

いが、従業員の行動と一体化することで、すべてのステークホルダーが抱く夢の実現に向けて生きてくる。従業員を大事にする会社では、従業員が満足感を享受することで、他のステークホルダーを大切にする気持ちを抱く。彼らの満足は、必ずや顧客や地域社会のための活動に結びつくからだ。

●ゆでガエル現象という大企業病

西川産業は、三方よしを礎として「人の夢」の実現に向けて、従業員が一体になって取り組む会社であるが、一時は経営難に苦しんだ。生活の欧米化で、夢を見る時の寝具も和の布団から洋のベッドに変わり、苦戦を強いられたためである。

そんな折、婿養子として西川家に入り、

２００６年に38歳の若さで社長を引き継いだのが西川康行氏（以下、西川）だ。就任当時の売り上げは、ピーク時の半分程度で、会社は大企業病に陥り、苦境の真っ只中にあった。

ここに経営学者のノエル・ティシー他が『現状変革型リーダー』（ダイヤモンド社）で紹介している「ゆでガエル現象」という言葉がある。大企業病を表現する際によく用いられるたとえ話だ。

カエルは熱湯が入ったガラスケースに投げ込まれると、熱さに反応して瞬時に飛び出す。しかし、水を張った状態のガラスケースにカエルを入れ、下から火で加熱し、徐々に水の温度を上げていくと、そのうちぬるま湯となり温泉気分に酔いしれる。しかし、およそ50度を超すとだんだん動けなくなっていき、最後には熱湯の中で「ゆでガエル」となって息絶えてしまう。大企業病に陥り、組織が荒廃する時にも、この「ゆでガエル現象」が起こりがちだ。

こうした現象は多くの場合、過去からの伝統や風土に固執し、長い歴史の中で組織文化が少しずつ荒廃することから始まる。組織の中に独特のマンネリ感と無気力感が蔓延し、

「昔からやってきたこと」「どうせ、言っても無駄だ」というような妥協と諦めによって
ゆっくりと大企業病に冒されていく。

同社も、当時は「ゆでガエル現象」にあったのだと思う。

百貨店や布団専門店など小売販売業者に対する寝具・寝装品の卸売業者として、ＢｔｏＢ（企業間取引）のビジネス展開で隆々としていた時代もあった。しかし、時代は変わり、インターネットや大型量販店の台頭で、布団専門店などの小さな販売店が苦戦を強いられるようになった。

三方よしの理念でいえば、「買い手よし」とは消費者への対応も含めて消費者起点、つまりＢｔｏＣ（企業対消費者）の発想が重要となる。にもかかわらず、社内はぬるま湯に浸かり、これまでのＢｔｏＢ中心の業態から脱皮できないまま、「ゆでガエル現象」となっていた。

●何となくかなう「夢」なんてあり得ない

西川は連日、朝から晩までこの「ゆでガエル現象」から脱皮し、何とかしなければとの思いで経営改革の方向を模索していた。

毎日、寝ても覚めても考え続けていることで、ふとした瞬間にアイデアが湧いたり、気付いたりすることは多い。なにも考えずにふと思い浮かぶこともあるにはあるが、そういうものはアイデア倒れに終わりやすい。何となくかなう夢なんてあり得ないことなのだ。

ぬるま湯の体質を変えなければいけない。西川は苦しみ抜きながら考える日々を送っていた。そんなある日のこと、ジョギング中にハタと気づくことがあった。前を走るランナーのランニングシューズの靴底がカラフルなのだ。「寝具も派手な色をつければ、若者にも受けるのではないか」と感じたのだ。

しかし、開発部に提案すると「これまでの布団の常識では考えられない」「新しいことに挑戦する必要がない」と、前例主義、過去の慣例の壁にはね返されてしまった。

西川は周囲の猛反対を押し切って、チャレンジを断行した。心の底にあった思い出「創業の頃に同社は萌黄色と朱色のモダンな色遣いの近江蚊帳を販売していたことから勇気をもらった」という。「革新」の遺伝子がそこで芽吹くこととなる。

これがヒントとなって、それまでにはない色彩豊かなマットレスの発想が生まれた。「昔から西川産業は挑戦の連続だった。それがいつの間にか保守的になっていた。そこを元に戻したかった」と、西川は当時を振り返る。

「ゆでガエル現象」になっていた組織であったが、1年かけて現場を歩き、従業員を説得して回った。ウレタンを赤と黒のツートンで加工し、２００９年に『ＡｉＲ（エアー）』を販売。斬新な色遣いと機能にこだわったエアーマットレスは、累計35万枚を売る大ヒット商品となり、今や看板商品にまで成長している。

●従業員と販売店の意識改革

顧客満足は、市場のニーズを探ることから始まる。企業として、誰を対象に、なにを、どのように売るか。これがマーケティングの視点から見たイノベーションにつながり、これが成功した時に、従業員は満足感を感じ、やる気を見いだす。そのような仕掛けや、仕組みをつくり出すことがリーダーの役割というものだ。

西川産業は若年層から新しいニーズを取り込み、製品開発に生かすことで「売り手よし」に結びつけた。色を変えるよりも、従業員の意識を変えたのだ。

イノベーションを進める上で不可欠な意識改革は、従業員だけでなく販売店など流通網も含めて取り組むことが肝要だ。全国に３５０店舗ある西川チェーンも、変わらなければ時代の波に乗ることはできない。今、消費者が寝具を通して求める価値観はなにか。この点に焦点を当て、西川は改革を進めていった。

健康志向から眠りに対する関心が高まっている昨今、同社の調査結果から、消費者の約三人に二人が自分の睡眠に不満を持っていることがわかった。一昔前の寝る間も惜しんで働く時代ではないのだ。

いろいろな小売業が、経営難で転廃業に苦しんでいる。書店は大型店やネットショップとの競争に苦しみ、酒販店はリカーショップ、自転車業はサイクルショップに転換することで生き残りを模索している。

昔の「布団屋さん」も同じだ。西川は、古い体質から脱皮し、人が集まりコミュニティを生み出すという発想で西川チェーンの改革に乗り出した。

●革新の連続こそ伝統

まずは消費者の声を生かすことから始まった。

その第一弾として、２０１３年８月、「Nemrium（ネムリウム）」という最良の眠りと出会える快眠ショップ一号店を東急百貨店たまプラーザ店にオープンさせた。いかにすれば「買い手よし」のビジネスで顧客満足を目指せるか。眠りと寝具に関する消費者調査をもとにしたチャレンジである。

一般的に一号店というのは、その後の展開を考えながら、いわゆるアンテナショップとして様々な試みが展開されるのが常である。

このネムリウムでも、快眠をキーワードに、枕と羽毛布団のオーダーメイドサービス、快眠体感スペース、コミュニケーションスペースなど新しいコーナーを設けた。また、顧客との「ふれあいの場」を意識した店内には、眠りにまつわる本の貸し出しサービス、オリジナルアロマやハーブティーなどの快眠グッズも提供され、おしゃれな「たまプラ」レディーたちに一躍評判となった。

この一号店で培ったノウハウが、２０１５年から展開する新しいコンセプトショップ「眠りの相談所」に結びつくこととなる。眠りの質を大きく左右するマットレスと枕の組み合わせは、スリープマスターといわれる眠りのプロが丁寧にフィッティングを行い、一人ひとりの身体に合わせて最適なバランスを導き出している。

苦しみの中から新しいビジネスモデルを生み出した西川は、現状に満足することはない。単なる伝統だけを追い求めるのではなく、なにを残し、なにを新たに加えるか。消費者の生活文化の変化を見据え、イノベーションを進めていく。守るべきは守り、変えるべきは変える、これが不易流行の精神だ。

その根底にあるものは「革新の連続こそ伝統」との思いであり、組織のセルフイノベーション（自己変革）に挑戦し続ける。今では給与明細にも名言カードを入れることを忘れない。メッセージは「セルフイノベーション」だ。

第１章のまとめ

本章を振り返り、経営理念によって経営品質を向上させるためのポイントをまとめると、次の七項目となる。

それぞれの項目の頭にチェック欄を設け、チェックリストとしても確認できるようにした。不十分と思われる項目については、該当箇所を読み返し再考する手立てとして活用してほしい。

□経営理念をわかりやすく、理解しやすいように明文化し、「見える化」すること。

□見える化された経営理念を社内外に宣言・伝達することで、全従業員の共感と賛同を得て組織の求心力を高め、一体感を醸成すること。

□前例主義や形式主義、事なかれ主義など「経験の災い」がなせる弊害は打破し、すべての判断基準は経営理念とすること。

□経営理念をもとに、「柔軟な発想を育む」企業文化を創造すること。

□日光東照宮の三猿からの学び、「現場を見て、部下の言葉に耳を傾け、互いに自由に語り合う（見る、聞く、話す）」リーダーシップを経営者は大切にすること。

□売り手よし、買い手よし、世間よしの「三方よし」を全従業員が共有すること。

□「守るべきは守り、変えるべきは変える」不易流行の精神で、伝統と革新を重んじること。

特集レポート

グループビジョンの見える化で一体感の醸成
～西武ホールディングス事例～

約10年の歳月を経て、再上場を果たす

「カン・カン・カン・カン・カン！」

西武ホールディングス（以下、西武ＨＤ）の役員五人が鳴らした威勢のいい鐘の音が、東京証券取引所（以下、東証）の場内を響き渡る。これには、取引を開始する初日に「五穀豊穣」を祈念し、企業繁栄への願いを込めて5回鳴らす、とのいわれがある。

前経営者の不祥事を受けて、２００４年12月17日に上場廃止になりながらも、約10年の歳月をかけて２０１４年4月23日、東証に再上場した株式会社西武ＨＤ。その鐘を鳴らしたのは、前述のとおり、代表取締役社長の後藤高志（以下、後藤）以下五人の役員だ。

２００４年3月に西武鉄道で起きた総会屋への利益供与事件が発覚後、企業倫理委員会が結成され、同社はコンプライアンス体制の本格的構築に乗り出した。その後、２００４年11月、外部有識者による西武グループ経営改革委員会が組織され、その委員の一人であ

再上場の鐘を鳴らす、
西武 HD 後藤高志代表取締役社長　（写真 R－①）

出典：西武 HD 広報部提供

る後藤が、２００５年5月、西武鉄道代表取締役社長に就任、グループ再編をはじめとする本格的な改革に着手した。

就任当時、社内には前例主義や事なかれ主義、あるいは自分たちが育った経営環境に固執する姿勢など、「経験の災い」が多く見られ、組織や従業員の成長を阻害する風土が蔓延していた。

後藤は、従業員の命と生活を預かる経営者として、「このままでは駄目だ、何とかしなければ」と、やる気にスイッチが入ったという。以降、従業員と一体になってグループビジョンを掲げ、グループ全体で改革を進めてきた。

西武グループ　（図表 R－②）
「グループビジョン：でかける人を、ほほえむ人へ。」

グループ理念

私たち西武グループは
地域・社会の発展、環境の保全に貢献し、
安全で快適なサービスを提供します。
また、お客さまの新たなる感動の創造に
誇りと責任を持って挑戦します。

西武グループが「やらなければならないこと」、西武グループだからこそ「できること」を、グループ理念としてまとめました。西武グループのすべての活動の出発点であり、変わることのないグループの基本姿勢です。

グループ宣言

私たちは、
「お客さまの行動と感動を創りだす」
サービスのプロフェッショナルを目指します。
1. 誠実であること
2. 共に歩むこと
3. 挑戦すること

グループ宣言は、私たち西武グループが、社会やお客さまと交わす大切な約束です。そして、私たち一人ひとりの行動の指針となるものです。

スローガン

でかける人を、ほほえむ人へ。

スローガンは、「グループビジョン」を一言に集約し、お客さまに発信する「西武グループの言葉」です。それは同時に、グループ社員一人ひとりが、いつも心に刻んでいくべき言葉でもあります。

※グループ宣言の三つの解説文は省略した。
出典：西武グループ「OUR VISION BOOK」に基づき、筆者作成

この（図表Ｒ－②）のように、グループ理念、グループ宣言、スローガンをもとにグループビジョンを「でかける人を、ほほえむ人へ。」と定め、社員に徹底的に「見える化」しながら、強い信念とこだわりを持って経営再建を果たしてきた。

筆者は２００４年の９月から西武ＨＤの企業倫理委員会で社外委員（最初は西武鉄道の委員）を務め、２００５年２月からは西武グループ入りした後藤とともに再上場を目指して歩んできた。

その過程で直接、彼の口から聞いた思いや考え、社内報や社内ブログを通じて社員に伝えたメッセージなどをもとに、約10年にわたる再上場への歩みと苦難の道程を伝えたい。なお、本稿はテーマや出来事単位でまとめており、時系列ではないことから、（図表Ｒ－③）に「西武ＨＤ再生の歩み」を年表形式で掲載しておいた。こちらも参照しながら読んでいただければ理解が深まると思う。

また、本文で「後藤の社内ブログ」について触れているが、これは同社のイントラネットで、後藤自身が直接「西武ホールディングス 後藤高志の『社長のきもち』」として社員に向けて書いたメッセージのことである。このブログの趣旨について、冒頭にある本人の

西武 HD 再生の歩み

（図表 R－ ③）

年	歩み	説明、関連事項	社会の出来事
2004	3月 西武鉄道商法違反	・反社会的勢力（総会屋）への利益供与 ・コンプライアンス体制の構築、企業倫理委員会の設置	2月 ヤフー BB 顧客情報460万人分の流出 3月 カネボウ有価証券虚偽記載
	10月西武鉄道有価証券報告書の虚偽記載が発覚	・個人名義の西武鉄道株をコクドが管理（記載事実と異なる）	6月 公益通報者保護法公布
	11月 西武グループ経営改革委員会の設置	・外部有識者委員会（委員長：諸井虔氏、委員に後藤他数名）が西武グループのあり方を検討	
	12月 東京証券取引所への上場廃止（17日）		
2005	2月 後藤が西武鉄道特別顧問に就任	・3月に経営改革委員会から最終答申（西武鉄道、コクド、プリンスホテルの3社合併）を発表 ・その後、後藤は5月に西武鉄道代表取締役社長に就任	4月 松下電器（現・パナソニック）、FF 式石油温風機による死亡事故が問題 4月 JR西日本福知山線脱線事故 4月 ヒューザーによる耐震強度偽装
	8月 持ち株会社方式によるグループ再編を決定	・最終答申を見直し、持ち株会社を設立し、傘下に鉄道、ホテル、レジャーなどのグループ会社をおく体制を発表	7月 新会社法公布
	10月サーベラス・グループと資本提携に合意	・日興プリンシパル・インベストメンツも合意	
2006	2月 西武 HD 設立	・2月 プリンスホテルとコクドの合併	1月 ライブドアによる、証券取引法違反
	3月 西武 HD を持ち株会社とするグループ再編手続き完了	・3月 グループビジョン「でかける人を、ほほえむ人へ。」制定 ・「ほほえみ賞・大賞」の表彰	6月 村上ファンド、インサイダー取引 6月 金融商品取引法（J-SOX 法）成立
2007	3月「峻別と集中」で事業再編	事業所、施設などの売却・廃業を進める(ホテル、ゴルフ場、スキー場など)	1月以降　船場吉兆、ミートホープなど食品偽装 8月 サブプライム問題で世界同時株安

2008	1月 埼玉西武ライオンズにチーム名を変更	・地域密着の球団経営を推進 ・「ほほえみ向上委員会」の開始	
2010	6月 こども応援プロジェクトを開始	・グループ横断の活動として取り組む（2013年西武塾、14年シニアほほえみプロジェクトなど）	9月 大阪地検特捜部の証拠改ざん 11月 ISO26000制定
2011	3月 旧グランドプリンスホテル赤坂（旧略称・赤プリ）営業終了	・4月 赤プリにて東日本大震災の被災者を受け入れ	3月 東日本大震災、原発事故発生 9月 大王製紙前会長巨額不正融資、11月オリンパスによる損失隠し
2012	5月 西武鉄道創立100周年	・3月所沢駅橋上駅舎一部完成（2013年6月全面完成）	4月 陸援隊による関越道のバス事故
2013	3月 サーベラスによるTOBの発表	・3%の追加取得（同社グループの持ち株比率は35.45%）	7月 カネボウ化粧品白斑問題発生 9月 東京オリンピック・パラリンピックの開催決定
	6月 第8回西武HD株主総会	・プロキシーファイト（株主総会の委任状争奪戦）、サーベラスの株主提案は否決。西武HDの提案が決議	10月 阪急阪神ホテルズ食品メニュー偽装が発覚 12月 特定秘密保護法案成立
2014	4月23日 東京証券取引所上場	・市場1部に上場、売り出し価格は1600円	2月 日本版スチュワードシップ・コードの策定 4月 消費税の増税（5→8%） 7月 ベネッセ個人情報流出事件
2015	9月 チームほほえみ大賞「リアル野球盤で健康長寿!」発表	・「西武ライオンズ 事業部コミュニティグループ&ブルーレジェンズ」	4月 東芝が不正会計事件を公表 6月 コーポレートガバナンスコードの運用開始
2016	キーワードは「飛躍」	・グループビジョン「でかける人を、ほほえむ人へ。」10周年	1月 軽井沢スキーバス事故 4月 三菱自動車の燃費試験データの改ざんが発覚

出典：西武HD広報部提供資料、水尾順一『失われた20年、日本における経営倫理の軌跡と将来展望』に基づき、筆者作成

言葉を引用しておく。

後藤：このページでは、私が日ごろ考えていること、思っていること、皆さんに期待していること、また自分を戒めていることなどを、あまり肩に力を入れずに書いていきたいと思います。また、このブログを通じて風通しの良い職場の実現やグループの一体感の醸成に役立つよう、双方向のコミュニケーションにつながればと思っています。

ブログや社内報で後藤が発するメッセージは、人間「後藤高志」を知る上でも興味深い。本稿では、本人の許可を得て、所々で引用していくこととする。

①経営改革という名の厳しい船出「朝の来ない夜はない」

２００４年12月17日に西武鉄道が上場廃止となり、翌年2月1日、後藤は西武鉄道特別顧問（5月代表取締役社長）に就任した。就任当時の気持ちを振り返り、ブログで次のように語っている。

――社長就任時の気持ちは？

後藤：私の座右の銘としている言葉が三つあり、その中の一つが『朝の来ない夜はない』です。経営再建途中の会社にきたことで、周りの人から「火中の栗を拾う」ような苦労を、なぜするのか」といわれたこともありましたが、「朝の来ない夜はない」「侠気を出してやっていこう」と腹を決めました。

――社長就任後、社員に対する印象は？

後藤：今だから言えることですが、不祥事によって会社の信用が崩れ、社員の目線は下を向いており、士気やモチベーションが下がっていたため、それらをなんとかしたい、高めたいと思いました。社員一人ひとりをみればまじめで、実直な印象をもちましたが、自分の頭で考えていく習慣になっていないと感じました。彼らの成長のためにも、なんとか自主性、自発性を育みたいと考えました。

2005年3月、西武グループ経営改革委員会が「コクド」「西武鉄道」と「プリンスホテル」の三社を合併させ、グループ一体再生を図るべく最終答申として発表した。ところが後藤は2005年2月、西武鉄道特別顧問に就任したあと、この結論を見直し、社長就任後の２００５年8月、西武鉄道とプリンスホテル（コクドを吸収）の二社を中核とする持ち株会社方式による西武グループ再編について発表した。これには内外から批判が集中、反対意見も噴出した。その理由の一つについて後藤は次のように語っている。

――西武グループとして会社の一体感はありましたか？

後藤：会社を引き受けた当初、社員がバラバラで一体感も感じませんでした。あるときコクドと西武鉄道とプリンスホテルの経営幹部を集めると、なんとその場で名刺交換が始まったのです。西武グループといいながら、実は役員同士面識すらなかった。トップがそうだから一般社員は言わずもがなでした。西武グループ間の人事交流や社員同士の面識もなく、他のグループ会社の社員に対してお互いにどこか違和感を持っていました。これではグループ全体を統括していくのは難しい。これを機に、グループ間の人事異動や交流促進を図りたいと強く感じました。

なお、持ち株会社の設立にはもう一つ大きな理由があった。２００５年4月25日に起きたＪＲ西日本の福知山線の列車脱線事故。死者１０７名という鉄道史上最悪の事故であった。

後藤：あの事故を教訓として、鉄道事業は安全がすべてに優先すべきであることを痛切に感じました。万が一にも西武鉄道が列車事故を起こせば、三社一体化した西武グループはその瞬間に倒産します。グループ間交流はほとんどなく、人事制度の違いも大きく、各社のカルチャーも異なっていたことなどから鉄道事業とホテル事業を一体化なんてできるはずがないと思いました。

②いばらの道、社員とともに

―改革の痛みと苦渋の決断について

後藤：これまで一番苦しかった決断は、「峻別と集中」による事業所の閉鎖や売却、早期退職希望者の募集です。グループ再編前には167あった施設は91に、約120社だったグループ会社は54社に、約3万人だったグループ社員数は約2万2000人になりました。こうしたことは、私にとって苦渋の決断でした。しかし、これを行わなければ西武グループの再生は成し得ない、という強い信念のもと行いました。2014年度までの経営実績は、経常利益は6期連続の増益で、過去最高益となりましたが、痛みを伴いグループを去っていかざるを得なかった仲間のためにも頑張らなければいけません。

2011年3月11日、東日本大震災が発生、東京電力福島第一原子力発電所なども被災し、電力危機に見舞われた。百貨店やスーパー、コンビニエンスストアなど、ほとんどの店舗照明は薄暗くなり、関東エリアのオフィスも不要な照明は消灯、地区単位で計画停電が行われた。

——グループ最大の危機、東日本大震災について

後藤：一番厳しいと感じたことは東日本大震災。地震だけでなく津波による被害が甚大で、死者行方不明者約1万8000人（2016年2月時点）という大惨事でした。グループ最大の危機に見舞われました。西武鉄道では計画停電の影響により通常の運行ができず運休や間引き運転が行われ、プリンスホテルでは稼働率が低下し、しばらく正常に営業できませんでした。このときは、グループとして乗り切っていくことはもちろん、西武グループが率先して復興に貢献するべきだと心に決め動き始めました。

グループの皆さんにはグループスローガン「でかける人を、ほほえむ人へ。」の精神で徹底的にやっていこうと言いました。グループ各社でもさまざまな被災地支援の取り組みが行われ、当時のグランドプリンスホテル赤坂、雫石プリンスホテルでは被災者の方を受け

入れ、グループ社員皆さんのボランティアによる被災者への支援も行われました。

③ グループビジョン「でかける人を、ほほえむ人へ。」の制定

２００６年３月には西武ＨＤを持ち株会社とするグループ再編手続きが完了した。同時に、後藤はグループの求心力を高め、一体感を醸成する目的で、経営理念であり、社員の行動指針でもあるグループビジョン「でかける人を、ほほえむ人へ。」を制定した。

――グループビジョンへの思いは？

後藤：グループビジョンの原点は「スマイル」です。西武グループの信用不安や世間から批判の目にさらされ、社員たちの士気は見るに堪えないほど低下していたからです。「これを何とかしなければならない」という思いで、西武鉄道やプリンスホテルなどで、会社や仕事に対する社員アンケートを行いました。その中で社員が求めているもの、これこそ「ビジョン」だと感じたのです。

私は以前、銀行時代にも「ビジョン」をつくった経験があります。しかし、今だからこそ

言えるのかもしれませんが、その当時、あまり求心力はありませんでした。もしかして私だけが感じていたのかもしれませんが、ビジョンはビジョン、仕事とは別物として、実感していませんでした。しかし、今回は違う。西武に来てはじめて「ビジョン」は会社の背骨であり、荒波を乗り切る航海の羅針盤であることを痛感したのです。

グループビジョンの実践には社員、地域、取引先など「人を思う仕事」がその根底にある。同社では「Our Spirit：アワ・スピリット」として掲げているものだ。学校や仕事場、家庭の中、町に暮らす人、すべての人を「思う仕事」である。「仕事」の場面は鉄道やホテル、レジャー施設などグループすべてにかかわるものだ。

人を思うということは、言葉を換えればホスピタリティ、「おもてなし」ということでもあり、この精神は、多くの会社の理念に盛り込まれている。

だが、その理念さえあれば実践できるかというとそうはいかない。会社で働く一人ひとりの社員が、個人として、組織として、顧客のことを思いながら、そして社内にあっては部下や仲間たち（もちろん上司も含めて）を思いながら取り組むことが重要だ。

これはビジネス全体、いや人間としての心構えともいえるものだ。同社においてもそれは同じこと。グループビジョンではそのことを伝えている。

西武ＨＤとしてグループ再編と同時に制定したグループビジョン。その先にあるもの、それは株式の再上場であった。悲願の再上場に向けて、全社一丸となった取り組みが始まった。後藤他、社員の合言葉は、コンプライアンスの徹底。法令順守はもちろんのこと、「世のため、人のため、相手の期待に応える」ことを基本的な考えとして、全社一丸になって取り組んだ。

――根底には、安全・安心、社会からの信頼がある

後藤：２００４年２月に総会屋への利益供与という商法違反が発覚。その後、有価証券報告書の虚偽記載で上場廃止になった。そんな、経営破綻した企業が再上場するのだから、コンプライアンスやガバナンスで再び問題になるようなことは断じてあってはならない。それが上場への最優先課題でした。

――大前提は、コンプライアンスの徹底にあり

後藤：企業倫理委員会の発足に始まり、コンプライアンス・マニュアルの策定、取締役や社員を対象に研修訓練を精力的に実施しました。また、ホットラインの制定などにも取り組み、全社を挙げてコンプライアンスを中心とした経営改革に取り組んできました。まずは、従業員が一丸となってコンプライアンスの実践能力を鍛えることこそが、社会からの信頼回復の道と考えたのです。

なお、同社では社長メッセージ、研修内容や実績、さらには各職場におけるコンプライアンス活動、企業倫理委員会の活動、コミュニケーションペーパーなど、1年間のコンプライアンス活動をまとめた「コンプライアンス白書（250ページ）」を発行している。これは1年間のコンプライアンス活動を振り返り、将来のために活動の記録として保存しておくためにも貴重な資料となっている。

●グループビジョンの実践「チームほほえみ賞・大賞」「ほほえみFactory」

西武HDでは、2006年からグループビジョンの浸透・定着に関して、「ほほえみ賞・大賞」（現在は「チームほほえみ賞・大賞」）を表彰している。一方、2008年からは、新たに「ほほえみ向上委員会」（現在は「ほほえみFactory」）というイベントも創設された。

西武グループとして行うべき具体的施策を立案し、挑戦する意欲を高めていくこと、経営層に提案する機会を創出すること、さらには、このイベントを通して西武グループ社員のグループ横断的な連携を促進することを目的に実施している。

経営改革の実践は、トップの強いリーダーシップと、ボトムアップによる現場の意識変革が一体になった時、極めて有効な相乗効果が発揮される。

後藤が目指すグループビジョンの実践に合わせて実践される「チームほほえみ賞・大賞」「ほほえみFactory」などは、現場社員の英知を集結し、その提案が経営に反映されるという意味では、ボトムアップを実現するための仕組みといえる。しかも、これらの取り組みは、時代ニーズに合わせて、また社員の意識変化とともに、狙いや表彰に関して毎年進化していることから、（図表R－④）にその状況をまとめておいた。

グループビジョンに基づき、社員一人ひとりが「お客様のほほえみのために実践してきたこと」を社員がアンケートに記入し、それを審査して、優秀な活動を「ほほえみ賞」としてガバナンスごとに選び、その中で最も優れた取り組みを「ほほえみ大賞」として表彰する。

2012年度には、「西武グループチームほほえみ賞・大賞」と名称を変更した。2011年までは、グループビジョンを踏まえた取り組みとしてグループ社員一人ひとりがどのような活動を実践しているか、つまり個人にフォーカスしていたが、2012年からは個人ではなく、組織や職場単位、あるいは職場内など、複数単位で構成されたチームにスポットを当て、周囲のメンバーと一緒に成し遂げる力に着目して、表彰する仕組みに変更している。

また、2013年度からは、グループ連携をさらに顕在化させていくために、グループシナジーに着目したエントリー募集も始めた。

こうして「ほほえみ賞・大賞」は進化しながら、2006年以降、選考会と表彰式を毎年開催している。これ自体がグループ全体からの「見える化」につながる取り組みといえるだろう。

ちなみにチーム表彰を始めて4回目にあたる2015年9月には、11社、14チーム、254名が表彰されている。この表彰人数の多さは、次年度の取り組みについて、口コミ

「チームほほえみ賞・大賞」「ほほえみ Factory」の進化状況

（図表 R－④）

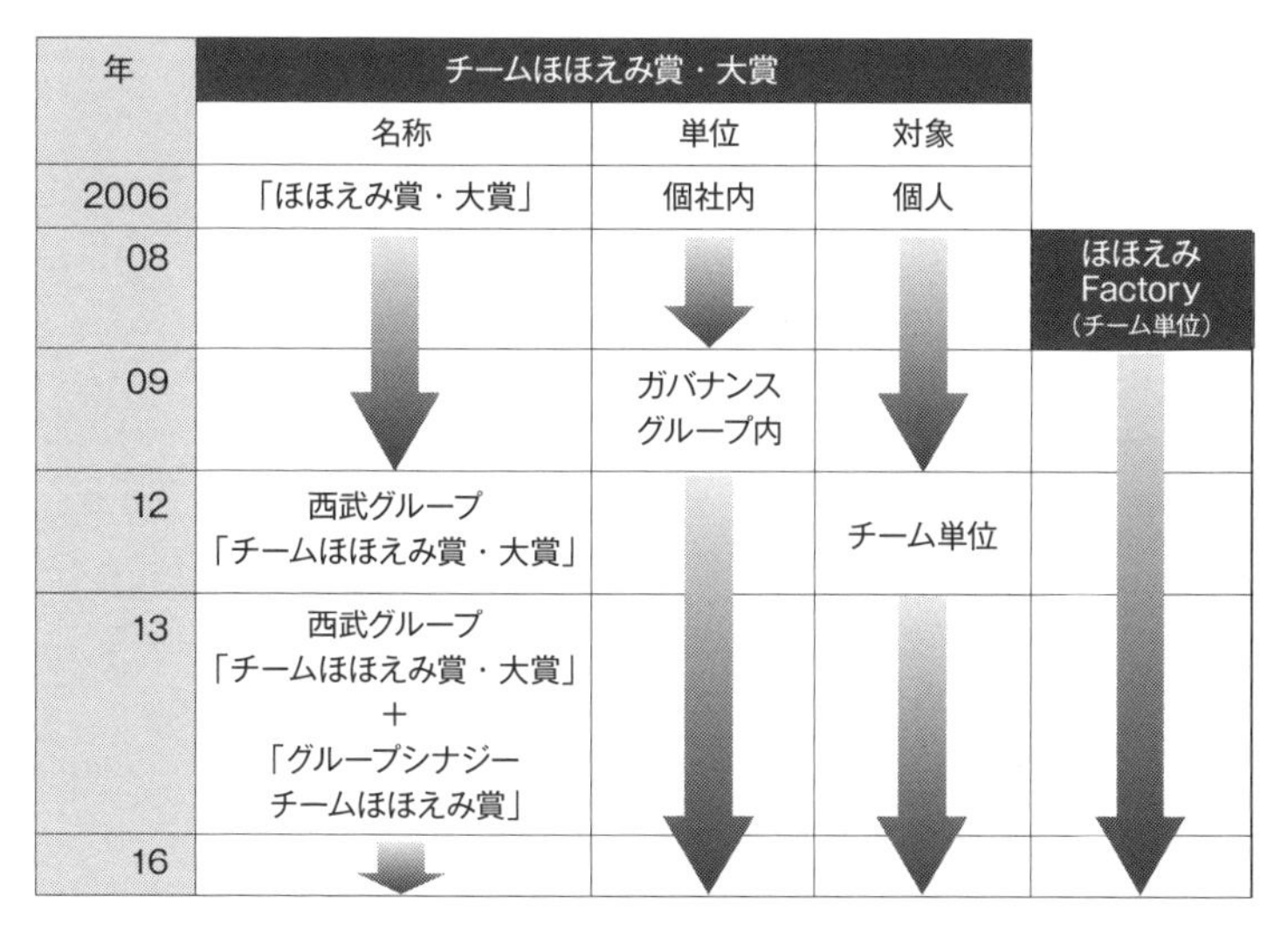

年	チームほほえみ賞・大賞			
	名称	単位	対象	
2006	「ほほえみ賞・大賞」	個社内	個人	
08				ほほえみ Factory （チーム単位）
09		ガバナンス グループ内		
12	西武グループ 「チームほほえみ賞・大賞」		チーム単位	
13	西武グループ 「チームほほえみ賞・大賞」 ＋ 「グループシナジー チームほほえみ賞」			
16				

ほほえみ Factory の各チームメンバーは、ほほえみ賞を受賞したチームから選抜された 30 名で、5 チーム（各 6 名）が編成された。

出典：西武 HD 社内資料に基づき、筆者作成

効果でさらなる反響を呼ぶことは間違いなく、善循環でほほえみ効果の拡大を生み出すことだろう。結果として「でかける人を、ほほえむ人へ。」のグループビジョンの実践につながっていくわけだ。

2015年度の「西武グループチームほほえみ大賞」は、西武ライオンズ事業部コミュニティグループ&ブルーレジェンズ（21名）が初受賞した。活動の取り組み内容は以下のとおりである。

【「リアル野球盤というレクリエーションを通し、地域の高齢者との交流を実施」】
（グループの取り組み内容から引用）

「西武ライオンズの球団職員と公式パフォーマンスチーム「ブルーレジェンズ」は、高齢者福祉センターなどの様々な施設を訪問し、「リアル野球盤」というレクリエーションゲームを通して地域の高齢者の皆さまと交流しながら、健康づくりの一翼を担ってきました。活動開始から現在まで30を超える沿線施設を訪問し、1000名を超える方々と交流を行いました。

高齢者福祉センターにおける
「リアル野球盤で健康長寿!」の実施風景　（写真 R－⑤）

出典：西武ライオンズ広報部（室）提供

このゲームは性別や年齢に関係なく楽しめるもので、ゲームを行う際にはライオンズのユニフォームやフラッグを貸し出すほか、ブルーレジェンズが西武プリンスドームでのラッキーセブンと同様のダンスを披露し会場を盛り上げるなど、普段外出できない高齢者の方にも球場での野球観戦の雰囲気を味わってもらう仕掛けを用意しました。

こうした取り組みを通して野球に興味を持ち、球場で実際に野球を観戦された方もいます。今後もこうした高齢者の健康促進の取り組みを行うとともに、世代交流のイベントとして地域の皆さまを笑顔にする活動を続けていきます」

発表会と表彰式で大賞を授与した後藤が、後日、以下のようなコメントを自身のブログ「社長のきもち」で発信している。

後藤：２０１５年９月７日、品川プリンスホテルにおいて「西武グループ チームほほえみ大賞」選考会・表彰式が行われ選考員として出席しました。……今や西武グループにとってなくてはならないイベントとして定着しました。

最終的に大賞に輝いたのは、「西武ライオンズ事業部コミュニティグループ&ブルーレジェンズ」の取り組みでした。……実際に訪問した先では、お年寄りの方が満面の笑みで喜ばれて、「こんなに楽しい思いをするのはどのくらいぶりだろう」と声を掛けられたということです。そうした発表を受け、素晴らしい取り組みだということから厳正な選考の結果、大賞に決定しました。

表彰式では、「ほほえみ賞の受賞者はこれまでで１２００名を超え、非常に多くの皆さんがそれぞれの職場においてグループビジョンに基づき活動してくれていることを大変頼もしく思っています。これがまさに西武グループの強さです」と話しました。こうした機会に、受賞者の皆さんだけでなく、グループ社員の皆さんにもあらためてグループビジョンの実現について考え、行動してもらいたいと思います。

個人を対象に表彰した２００６年度から、この活動が10年以上続いているということは、それだけグループビジョンの実践にかかわる新たな活動や制度が生まれていることを意味する。「継続は力なり」という言葉があるように、こうした活動を通して、グループビジョンが求心力を持ち、活力を生み出すことになる。しかも、それらが共有されることで、さらにビジョンが進化し、実践の輪が拡大する組織となっていく。

●グループ間のシナジーを生み出す「ほほえみFactory」

「ほほえみFactory」とは、西武ＨＤの人、モノ、金、そしてアイデアなど、トータルで持つ経営資源を生かし、グループ間のシナジー（相乗効果）を高めようとする取り組みである。グループビジョン「でかける人を、ほほえむ人へ。」のほほえみを生み出し、あるいは創造する工場という意味だ。

「ほほえみ Factory（ファクトリー）」の概要　　　　（図表 R－⑥）

・グループビジョンの「挑戦すること」の行動喚起を図る。 ・グループ社員が組織を横断して連携を図りながら、共通のテーマについて主体的に考え、行動する。 ・その結果、グループとして行うべき具体的施策を立案し、経営層に提案する。
・「チームほほえみ賞」受賞者は、各会社の中でもグループビジョン実現への意識が高く、また風通しのよい職場環境にある。 ・その表彰者の中からメンバーを選出することで、新しい挑戦や、アイデアが期待できる。 ・グループビジョンの実践における問題点を洗い出し、さらなる実践のために有効な施策を考案し、経営層に提案を行う。 ・提案された内容は、できることから具体的施策としてスピード感をもって展開していく。
・全３回で実施する。 ・事前に定められた特定テーマのもと、１～２回で各チームが議論を重ね、３回目で経営層に対して各チームによる発表（プレゼンテーション）を行う。

出典：西武 HD 広報資料に基づき、筆者作成

ほほえみFactoryは、２００８年度より実施され、鉄道だけ、ホテルだけという個別各社の取り組みではなく、鉄道とホテル、さらには他の事業などが、グループ内で横断的に相互に連携しながら議論し、新しい価値を生み出す仕組みである。

（図表R－⑥）のとおり、各社において「チームほほえみ賞」を受賞したチームの中から選ばれたメンバーなどが集まり、グループビジョンのさらなる浸透に向けて、各職場での経験を踏まえて議論する。その結果を、グループの総合力を活用した斬新な施策やアイデアとして経営層にプレゼンテーションするイベントである。

２０１５年のテーマは、同社が中期事業計

画で掲げている「強みを活かして、最強の西武グループへ」というスローガンの観点から、「インバウンド（訪日外国人）」「シニア」「こども」「女性」という四つのテーマを設けている。このテーマに沿って、西武グループとしてどのように対応していくべきか、グループ各社から集まった30名が西武グループとして行うべき施策の議論を深め、延べ３日間開催した最終日には、グループ各社社長をはじめ、役員・関係部室長に対して議論の結果を発表した。

●「ほほえみFactory」で誕生した「西武塾」、企業戦略に生かされる

「ほほえみFactory」で提案された中から、すでに新たな活動やビジネスが誕生している。子供たちの健全な成長に資する多彩な経験や学びの場を提供する年間スクール「西武塾」や、子育て支援施設の駅チカ保育所「Ｎｉｃｏｔ」などである。

西武グループでは２０１０年より「西武グループ こども応援プロジェクト」を実施しており、２０１１年度「ほほえみFactory」でグループ社員から提案された企画を、２０１３年４月から「こども応援プロジェクト」活動の一環としてスタートさせたものが西武塾である。西武グループが保有する施設や人材を有効活用し、小学生とその保護者を対象に、１年間を通して毎月様々な体験ができる年間スクールである。

２０１５年度の内容を見てみると、ホテルの仕事体験、天覧山・飯能河原などでエコツーリズム活動、横浜・八景島シーパラダイスでのお泊まり体験「魚や水生動物の夜の生態観察」など、１年間で12回、多岐にわたっている。

毎月行われる塾の活動のうち、９月に実施された「保線基地で鉄道のお仕事体験」プログラムを紹介しよう。

軌道自転車運転とポイント転換では、漕ぎ手とポイント転換係と三人ずつ役割を決め、六人で実際にレールの上で自転車を漕ぎながら走らせる。線路の上を走る特殊な自転車に乗って、実際にどのように線路を保守・点検しているかや、ポイントを転換させ進行方向を変える仕組みを交代で体験してもらう内容だ。一人の塾生が、当日の感想を次のように書いている。

「軌道自転車は自転車と同じ仕組みでとても楽しく何度も交代で乗りました。ポイント転換は重い線路を動かすので体重をかけて押すことで、なんとか切り替えることができました。一人で作業するのは大変です」

西武塾「保線基地で鉄道の仕事体験」の模様　　（写真 R－⑦）

出典：西武 HD 広報部提供

感想文にもあるように、塾生たちは線路を保守点検する大型保線機械を見て、触れて、そして自分たちも保守点検の作業を体験する。普段、なにげなく行われている保線という仕事の奥深さに触れ、鉄道が最も重視する「安全・安心」、さらには乗り心地などを確認し、電車が普段通りに走るための点検・整備の重要性を知るわけだ。

今、社会が求めている「安全・安心」という価値観を、身をもって体験することで、彼らの成長に結びつけている。「人を思う仕事」を背景に、子供たちの成長を思う西武塾の狙いが、毎月少しずつ達成されているようだ。

西武塾の講師は、グループ社員や企業はも

ちろんのこと、行政、地域・社会や地元の教育機関とも連携しており、これからの日本の未来を担う子供たちの健やかな成長と将来の顧客育成を目指している。

一方、会社側から見れば、社員やOB、OGが西武塾サポーターとして参加することで、会社や職歴を超えた社員の交流、通常業務とは異なる体験ができる。西武塾を通じて、子供たちとともに社員の成長、将来の顧客創造をも期待できる取り組みとなっている。


ホールディングカンパニー制の企業は多いが、グループ内での企業間の交流は少ないのが一般的だ。こうしたグループ横断の組織的な取り組みはシナジー効果を生み出し、企業価値向上につながるのみならず、グループ社員のコラボレーションを生み出し、求心力を高めることにもつながっていく。

実際、このような取り組みの成果として、自発的な集まりを生み出し、グループ内で同期メンバーの集まりなども行われるようになったという。今後は同じ趣味や地域出身者の集いなども期待される。グループ内で相互にコミュニケーションが深まり、議論百出で斬新なアイデアを生む土壌が形成されつつあるといえそうだ。

④　再上場、そして最良かつ最強の観光大国のトップランナーへ

●グループ再編成に伴う、資本提携への合意

東証への再上場に至る西武ＨＤの道のりは、途中幾多の試練があった。その一つが、米国を本拠地とする投資ファンド「サーベラス・キャピタル・マネジメント（以下、サーベラス）」との関係だ。

最初の出会いは、２００５年10月。サーベラスが１０００億円の出資で西武ＨＤと資本提携に合意、株式総数の３分の１に満たない32・４％にとどめて、西武側と良好な関係を築いた。その後、サーベラスと、あくまで「フェアな上場」にこだわる西武ＨＤとの間で、上場へのプロセスに関して見解の相違が生じ、サーベラスよりＴＯＢが発表された。サーベラスからは二度にわたる改革要求があったが、その一つ、２０１２年10月12日付の書簡には次のようなことが書かれていたという（西武ＨＤ、２０１３年３月26日付ホームページより）。

主な内容の項目のみ抜粋すれば、

・多摩川線、山口線、国分寺線、多摩湖線及び西武秩父線の計五つの路線を廃止

・埼玉西武ライオンズの売却
・1045名中80名の駅員削減などによる合理化他、鉄道の命綱ともいえる安全・安心を軽視したとも思われるような改革要求

などであった。この要求に対して、2013年3月26日の記者会見の席上で、後藤は次のようなコメントを出している。

後藤：中長期的な視点を欠いた提案をするなど、自らの利益を追求した不当な要求を行い、早期における良い形での株式上場に対して非協力的な態度をとるようになりました。当社の中長期的な企業価値を棄損する恐れがあると考えます。

●敵対的TOBへ発展

ついに、サーベラス側は牙を剥き始め、敵対的TOB（株式公開買い付け）へと発展した。サーベラスがTOBを公表したのは、奇妙な偶然かもしれないが、東日本大震災からちょうど2年後の3月11日だ。当時32・44％だった持ち株比率を、最終的には上限44・67％にまで引き上げることを目指すというものであった。

提案内容の理不尽さに、埼玉県の上田知事をはじめ地元住民も含め、至る所で猛反発が起きた。中でも、西武線の五つの路線の廃止は、それを生活路線としている地域住民にとって死活問題であり、猛反対も当然の成り行きである。県内の企業や地域住民など多くの組織で反対の署名運動が行われ、筆者の所属する埼玉県飯能市にある駿河台大学でも署名が行われた。

西武ＨＤ側も受けて立った。電車の車内や新聞広告を通じて、提案内容の理不尽さを強く世間にアピールした。同社の大株主に対してはもちろんのこと、一般株主に対しても株を売却しないよう、理解促進を図り、また説得を続けた。

結果的に、２０１３年5月末のＴＯＢは不調に終わり、当初の持ち株比率32・44％から35・45％へ、わずか３％強の追加のみで終了した。

●プロキシーファイト（株主総会の委任状争奪戦）へ

だが、これで引き下がるようなサーベラスではなかった。次の一手は、プロキシーファイトだ。２０１３年6月25日に予定されている株主総会で、取締役選任を巡り、自らの株主提案を成立させるための委任状争奪合戦に発展した。

結局、株主総会ではこちらも賛成多数で西武ＨＤの提案が可決され、サーベラス側の株主提案は否決された。ちなみに、日本政策投資銀行、農林中金、三つのメガバンクなど、日系の大株主はいずれも西武ＨＤ支持を表明している。

株主総会後、サーベラスとの関係は修復し、事務レベルでの打ち合わせがスタートしていたものの、後藤は米国に向かい、サーベラス本社ＣＥＯのファインバーグ氏とも直接コミュニケーションをとった。自らの思いを伝え、本音で話し合った結果、それ以後は、さらに良い関係を築くことができるようになったという。

世間ではよくあることで、関係がこじれてくるとお互いの顔も見たくなくなるのが常だが、このような時こそ、フェイス・トゥ・フェイスのコミュニケーションが有効になる。言葉だけでなく相手の表情やしぐさ、まなざしなどで真意が伝わるからだ。

ちなみに、メーラビアンという言語学者が、コミュニケーションにおいて、言語はわずか７％、言葉以外の話し方やイントネーションなどの準言語といわれるものが38％で、目の動き、表情やしぐさなども含めたボディランゲージによるものが55％を占めていると指摘している。この理論からも、互いに面と向かって話をすることで、より深いコミュニケーションが成り立つということが理解できよう。

話をしてみると、サーベラス米国本社と日本支社の意向が異なることが判明し、本社側には日本支社にミスリードされたとの思いがあることがわかった。

日本企業でもよくあることだが、現場と本社の意見の食い違いは、相互のコミュニケーションが不足すると起きやすい。本社は現場からの報告を待つのではなく、自ら現場に行って伝えることの重要性がここにある。

後藤の誠意が相手に伝わり、誤解も解けたことで、西武ＨＤは一気に再上場へと動き出した。当然のことながらサーベラス側も上場に賛成したという。

上場後、株価も上昇したことから、サーベラスは２０１５年5月に約10％、２０１５年10月に約４％、第３回目の２０１６年３月には約６％の株を放出して投資回収を進め、現在の持ち株比率は、約14・５％にまで低下している。それでもサーベラスが西武ＨＤにとって、引き続き大株主であることに変わりはなく、良好な関係が続いているとのことだ。

サーベラスの株主提案の一つ、埼玉西武ライオンズなどの売却についても、多くの反対運動が巻き起こった。

現在、プロ野球球団のほとんどが地域密着型経営を進め、ファンとの一体感の醸成に努めている。その昔、お荷物球団とされ、人気がなかったパ・リーグのチームも、その意味では大成功を収めているといえよう。北から北海道日本ハムファイターズ、東北楽天ゴールデンイーグルス、千葉ロッテマリーンズ、オリックス・バファローズ、福岡ソフトバンクホークスなどである。

もちろん、埼玉西武ライオンズも埼玉県民から大人気だ。ということを考えれば、手放せるはずがないのである。

――埼玉西武ライオンズに対する思いは？

後藤：埼玉西武ライオンズは西武グループ、そして埼玉県民の象徴的存在でありたいと思います。2008年1月に、それまでの西武ライオンズから埼玉西武ライオンズへチーム名を変更したのも、地域密着で地域と共に歩む球団を目指したいからです。西武ライオンズの地元は「埼玉県」である以上、特に近隣市（所沢、飯能、狭山、入間、日高）との連携をはかり、埼玉西武ライオンズとして、地域密着の活動を心がけています。今後はさらに、

「埼玉県民とともに歩む埼玉西武ライオンズ」と語る後藤社長　（写真R－⑧）

出典：2016年3月25日、埼玉西武ライオンズ開幕戦の折、筆者撮影

さいたま市はもちろん、川越市や、周辺地域、市町村との連携を深め、埼玉県民から愛され、親しまれる埼玉西武ライオンズになりたいと考えています。もちろん、そのためにも一層強くなければいけませんね……（笑）。

●ラグビーの体験をマネジメントに生かす

ワールドカップでの日本チームの躍進や五郎丸ブームがきっかけで、一気に人気が上昇したラグビー。学生時代にラガーマンであった後藤は、ラグビーでスポーツ精神とリーダーシップについて学んだという。

後藤：ラグビーは、プレー中は大変ヒートアップするスポーツですが、その一方では常にフェアプレーに徹し、判定に不満があっても審判のジャッジは絶対で、抗議もしません。そして試合が終わればノーサイド、敵も味方もなくお互いの健闘を称え合うスポーツです。

この言葉から筆者は次のように感じた。これは、会社でも同じだということだ。議論は侃々諤々（かんかんがくがく）、徹底的に行うが、決まればあとはノーサイド、皆その結論に従うべきだ。いつまでも尾を引いてはいけない。それでこそ一致団結の精神が生まれるのではないか。

前述したように、ラガーマン時代にリーダーとしてのマネジメントを学んだ後藤は、自称体育会系を宣言し、「ネアカ、のびのび、へこたれず」を座右の銘の一つとしている。

●２０１６年のキーワードは「飛躍」

後藤：２０１６年のキーワードは飛躍です。そのためには、「新たな視点でスピード感をもって、イノベーションに挑戦」、一人ひとりの社員の「自立としなやかさ」、好業績にあっても油断せず「兜の緒を締める」こと。この三つを社員に期待すると同時に、私自身もそのことを肝に銘じています。

後藤の語る「飛躍」というキーワードは、今、西武HDで起きている様々な改革や斬新なアイデア、そしてモノづくりとサービスの開発を象徴する言葉である。

たとえば、「赤プリ」の名称で親しまれた「グランドプリンスホテル赤坂」を解体し、2016年7月にグランドオープンした「東京ガーデンテラス紀尾井町」「ザ・プリンスギャラリー 東京紀尾井町」もその一つだ。

「でかける人を、ほほえむ人へ。」を実践するような新しい活動が他にもある。西武鉄道が2016年4月17日から運行し始めた電車「西武 旅するレストラン『52席の至福』」がそうだ。土曜休日を中心に池袋～西武秩父間と西武新宿～本川越を走る全席レストラン車両の観光電車で、日本でも著名な建築家の隈研吾氏がデザインを手掛けた特別列車である。

また、シニアほほえみプロジェクトの「健康講座」は、社員の発案や外部の知恵を導入した新たな試みである。そういったイノベーションが目白押しの今、従業員がイキイキしている様子が伝わってくるようだ。

●大切にしている三つの「座右の銘」

２０１５年夏、火山活動の影響により、箱根の大涌谷周辺で入山規制が実施され、伊豆・箱根でホテルや鉄道を運営するプリンスホテルや伊豆箱根鉄道は苦戦を強いられた。その時、後藤は即座に現地を訪れている。

危機に直面すれば、すぐさま現場に駆けつけて、従業員を激励する、これこそサーバント・リーダーシップ（部下支援）である。（第２章で詳述）

時間を見つけては現場を回り、現場を見て、従業員の声に耳を傾け、そして語り合う。後藤が社長に就任した時から大事にする精神「三現主義（現場・現実・現物）」の実践そのものともいえよう。

実はこの時、後藤は自身が大切にする三つの座右の銘について、社内イントラネットのブログを通じて、従業員にメッセージとして伝えているのである。

後藤の人となり、そしてリーダーシップを知る上でも貴重な資料であり、本稿にも掲載しておくことにする。

後藤：7月24日から25日にかけてプリンスホテルの箱根エリアの各事業所を訪れました。大涌谷周辺の入山規制などの影響もあり、トップシーズンであるこの時期にもかかわらず厳しい営業状況が続いています。しかし、あくまでも自然が相手のことですので、焦らずにやるべきことをしっかりやることが重要です。箱根エリアの総支配人や支配人の皆さんに対し、私が大切だと思っている三つのことを伝えました。

一つ目が、「朝のこない夜はない」です。自然現象ですから、いずれは落ち着くときが来ます。このような厳しい時であっても、モチベーションを維持し続けることが重要です。

二つ目は、「疾風（しっぷう）に勁草（けいそう）を知る」。ピンチはチャンスです。速く激しく吹く風は「疾風」といいますが、そうした風雪に耐える強い草の「勁草」であってほしい。今のような困難や試練に直面した時に、はじめてわれわれの意思の強さや信念の堅固さ、人間としての値打ちがわかるものです。こういう時だからこそ一人ひとりが勁草として切磋琢磨することが大切です。

そして、最後に三つ目が「ネアカ、のびのび、へこたれず」。お客さま、そして社員に対して、スマイルを忘れずにいて欲しいと伝えました。箱根エリアで奮闘する社員の皆さんに心からエールを送ります。

西武HDのレポートから学ぶこと

「上場廃止」というどん底から這い上がって再上場を果たすという、世にもまれな経験をした西武HD。同社の再生に向けた取り組みの事例から学ぶことは数多い。

なぜなら、リストラの経験、赤字からの脱出など、業績に苦しむ多くの企業と同じような経験をしてはいるものの、それ以上に、一度は上場廃止という烙印を押された企業として、尋常ではない艱難（かんなん）辛苦を体験しているからだ。

かつての一流企業が事業再生に向けてもがき、苦しみ、社会からようやく「普通の会社」として認められ、やっとの思いで再上場に漕ぎつけた事実は重い。

トップ自ら苦渋の決断を行い、従業員と一体になって「再上場」という共通の目標に向かって努力した道のりは、「普通の会社」の経営再建以上に貴重な示唆を提供してくれた。

以下の項目にチェックを入れて、もう一度、その歩みを確認してほしい。

□ 経営理念をスローガンやグループビジョンにブレークダウンし、従業員に徹底的に「見える化」しながら、強い信念とこだわりを持って臨むこと。

□ 経営者が思いを伝え、全従業員と共有すること。

□経営者自らが現場に出向き、「見て、聞いて、話し合う」、従業員と心を一つにすること。

□企業経営の根底にあるもの、それがコンプライアンス。法令順守はもちろん、「世のため、人のため、相手の期待に応える」こと。

□ビジョンの実現に向けてグループの英知を集結、ボトムアップの経営で一体感を醸成すること。

□フェイス・トゥ・フェイスのコミュニケーションを大切に、本音で語り合うこと。

□「朝のこない夜はない」でモチベーションを維持し続ける、「疾風に勁草を知る」で一人ひとりが勁草として切磋琢磨する、スマイルを忘れずに「ネアカ、のびのび、へこたれず」を大切にすること。

首都圏にある同業の鉄道会社の広報責任者が、筆者に話してくれた言葉が、今の西武HDを象徴している。これを紹介して、このレポートを締めくくりたい。

「西武グループは、この10年でガラッと企業イメージが変わった。昔は、西武といえば「野武士の集団」で荒っぽいという印象があったが、今は違う。従業員が元気でイキイキとしており、現場主導のボトムアップの経営も実践され、グループ全体が「洗練されて都会的なセンス」を感じさせる企業集団になった」

第2章

従業員がイキイキとして、満足度（ES=Employee Satisfaction）が高い：「売り手よし」

成長への「志」が人と会社を大きくさせる

会社は人の器以上に大きくはならない

前章で「会社の夢の実現の要は、すべての従業員であり、その原動力は従業員一人ひとりの行動力にある」と指摘した。

そのためには従業員の成長が不可欠となる。なぜなら、会社は人が成長することで成長するのであり、従業員の器以上に大きくはならないからだ。

人はまず志を持ち、目標に向かって励み、努力し、その過程を通して、人間としての器を広げていく。それが組織、ひいては社会の発展につながる。

会社の中においては、本人の志に加えて、成長を支援する環境や上司のサポートが、個々の成長に多大な役割を果たす。

だからこそ、従業員がなにを考え、どのような行動をしようとしているのか、彼らの意識と行動に、リーダーが目を向けることが大事なのである。

リーダーは、部下や仲間たちとともに喜び、彼らが悩み考えている時には、その成長を願って支援する。そうしたリーダーシップが求められている。


上司による支援という視点から、「サーバント・リーダーシップ」という重要な考え方がある。

これは米国の経営学者ロバート・グリーンリーフが、１９７０年に提唱したリーダーシップ論だ。彼は『The Servant as Leader』（『奉仕者としてのリーダー（筆者訳）』Robert K. Greenleaf Center出版社）という自著の中で、リーダーシップのスタイルとして、サーバント、すなわち「奉仕者」の考え方を持ち込んだ。

このサーバント・リーダーシップは、現在、マネジメントの現場において、他者（部下、顧客）を支援するリーダーシップとして活用されている。


グリーンリーフは、米国の通信会社ＡＴ＆Ｔの経営管理・調査担当取締役を最後に退職、１９６４年に応用倫理研究センターを設立した（現在はサーバント・リーダーシップのロバート・グリーンリーフ・センターとなっている）。その後、マサチューセッツ工科大学やハーバード大学で客員教授として教鞭を執り、サーバント・リーダーシップの概念を学術界と実業界に普及させた学者としても著名である。

自ら考え行動する力「考動力」を育てる

グリーンリーフが述べているのは、リーダーが部下の「成長のためになにができるかを常に考えながら、助言、援助し目標達成をサポートする」ということだ。自ら考えて行動できる力（考動力）のある人材を育成する、それが「サーバント・リーダー」の役割である。

言葉を換えれば、「組織と個人、そして広く社会の持続可能な発展を目的として、ビジョンと実践を統合させながら、他者や他組織を導き支援するリーダーの思考と行動スタイルを持った指導者」、これこそサーバント・リーダーの姿である。

個人の目標と組織の目標が一体化し、共通目標に向かって挑戦する過程において、個人は成長し、組織は強くなり、両者のさらなる進化に結びついていく。

したがってリーダーは、部下の成長のために助言や援助を行いながら、目標達成をサポートする力量が必要になる。

このようなリーダーシップの実践の結果として、組織に活力を与えるパワーが生まれ、組織の賦活（ふかつ）を意味する「エンパワーメント」につながっていく。

そこでは、企業が目指すべきビジョンを明示すること、リーダーがその実践に向けて、強い指導力と部下や組織を支援する力を発揮することが肝要となる。

成長への志とサーバント・リーダーシップ

このようなリーダーの活動は、部下に対して明確な羅針盤を提供するだけでなく、彼らに夢やロマンを与え、また、従業員と組織間における一体感の醸成にも結びついていく。

その結果、現場の前線に立つ従業員は、リーダーからの権限委譲をもとに、常に顧客や社会の繁栄のための活動に専念することができるようになる。

つまり、上ばかり向いて仕事をする「ヒラメ人間」ではなく、部下や顧客など他者を支援する風土が組織全体に築かれていく。

成長を志す個人と組織、その成長を支援するリーダーのマネジメントが一体になることで、会社は大きく成長し、社会の発展にもつながるという視点を持つことが重要である。

サーバント・リーダーシップの実践活動　（図表2－①）

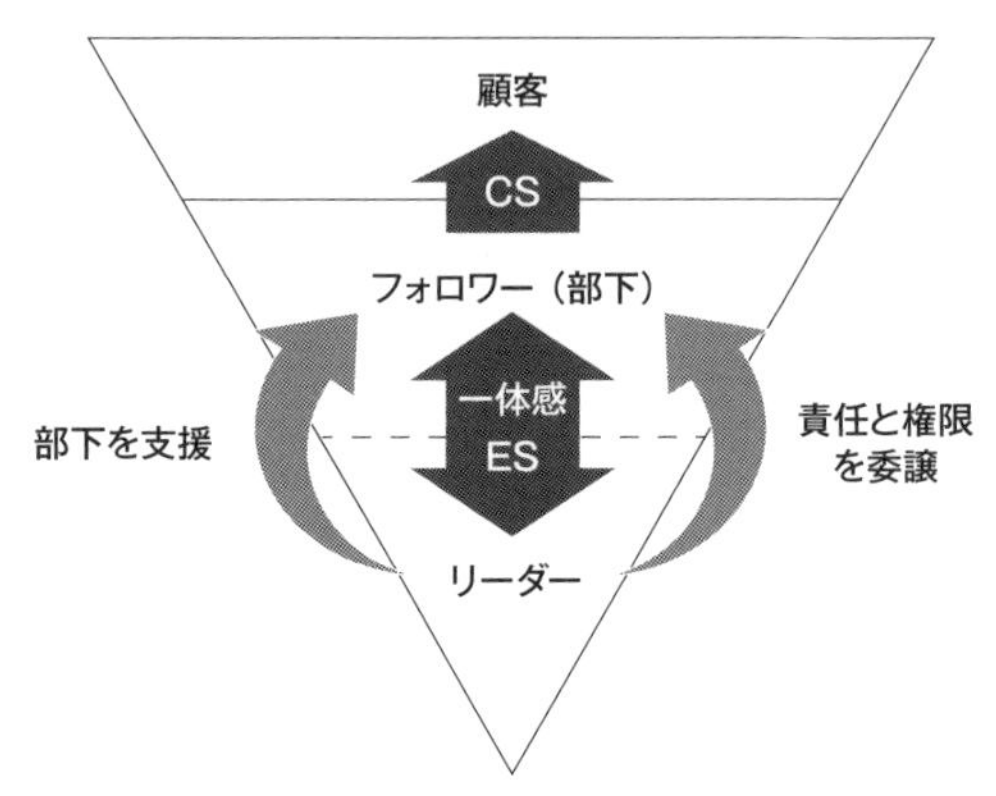

出典：筆者作成

組織風土を変える「創造と破壊」

●改革の邪魔をする「ガラガラヘビとニシキヘビ」

さて、企業の成長において改革は付き物である。「腐りかけた企業文化」とはよく耳にする言葉だが、蓄積された古く悪しき体質を打破し、新しい文化を創造することは、どの組織においても必要不可欠のものといえるだろう。

よくいわれる「創造と破壊」もこのことに通じている。腐りかけた会社を立て直すには企業文化を変えなければならない。

企業文化を変えた「ガラガラヘビとニシキヘビ」という、一つのたとえ話があるので紹介したい。

以前、米国のゼネラル・エレクトリック（以下、ＧＥ）が企業改革を行った際、その活動の中心になったのが、まさに「企業文化を変えること」であった。『ＧＥの奇跡』という本に参考になる話があるので紹介しておきたい。(※8)

ＧＥで改革を進めていた当時の会長兼最高経営責任者（ＣＥＯ）のジャック・ウェルチは、会社に潜む二種類のヘビ、「ガラガラヘビとニシキヘビ」が改革の邪魔をしていることに気が付き、これを退治しなければ改革は進まないと考えた。

「ガラガラヘビ」は、動く時にガラガラと大きな音を立てる。どこにいるのかすぐわかるので、誰にでもその原因がわかるし、対処することもできる。

だからウェルチは、会社の中の問題に気付いた時、直ちに改善に向けて具体的な対策案を実行に移した。

たとえば、古くなった手袋を交換するのに上司にサインをもらい、申請書を提出しなければならないというのが従来のシステムだった。これだけの作業に何と1時間もかかっていたそうだ。それをやめさせることで、即刻「ガラガラヘビ」の一匹を退治することができたという。

しかし、問題は「ニシキヘビ」のほうである。彼はこれが実に厄介だと語っていた。その理由はこうだ。

「ニシキヘビ」はまったく音を立てず木に巻きつく。体の色も木の色に同化しているから見つけにくい。彼はGEの会社内に潜む見えにくい問題をこの「ニシキヘビ」にたとえ、社内は「ニシキヘビ」だらけではないかと考えた。

その後、長い時間をかけて、「前例主義」や「風通しの悪さ」など、目に見えない古き悪しき習慣を、彼は一つひとつ退治していったのだ。

この「ニシキヘビ」こそ、「腐りかけた企業文化」そのものである。

イキイキとした組織風土を育もうにも、このような目に見えない「ニシキヘビ」がいる組織では実行の活力が生まれない。もし、そのような「ニシキヘビ」がいたなら、速やかに企業の経営理念を変え、新しい企業文化をつくり上げる必要があるだろう。

では、どうやって進めていけばいいのか。全従業員が議論を重ねて問題点を洗い出し、改善案を考えていくことになるが、そのための場や環境づくりをするのがサーバント・

リーダーの役割だ。「ガラガラヘビ」や「ニシキヘビ」の退治はリーダーが先頭に立ち、全社一丸となって取り組むことがなによりも必要なのである。

●自由にものが言える組織風土

従業員の士気が高い組織は成長する会社といえるだろう。したがって、リーダーは彼らを鼓舞し続けていかなければならない。従業員のやる気を引き出すには、「ガラガラヘビ」と「ニシキヘビ」を退治し、自由にものが言える組織風土をつくり上げることが必要だ。

お互いに感じたこと、言いたいこと（といっても相手を傷つけてはいけないのは当然のこと）が言える風土、オープンなコミュニケーションができる風土づくりを進めるのもまた、サーバント・リーダーの役割である。

今ではすでに過去の遺物になっている感もあるが、一昔前は「新入社員のくせに」とか「女のくせに」というような、「くせに文化」の風土が多くの企業に築かれていた。「これを言ったら駄目かな」「こんなことを考えているけど、やっぱり言えないよな」など、「閉ざされた貝」でいる必要はない。立場や身分、性別などは、コミュニケーションをとる上でまったく無関係である。遠慮はいらないのだ。

やる気を引き出す組織文化　(図表2－②)

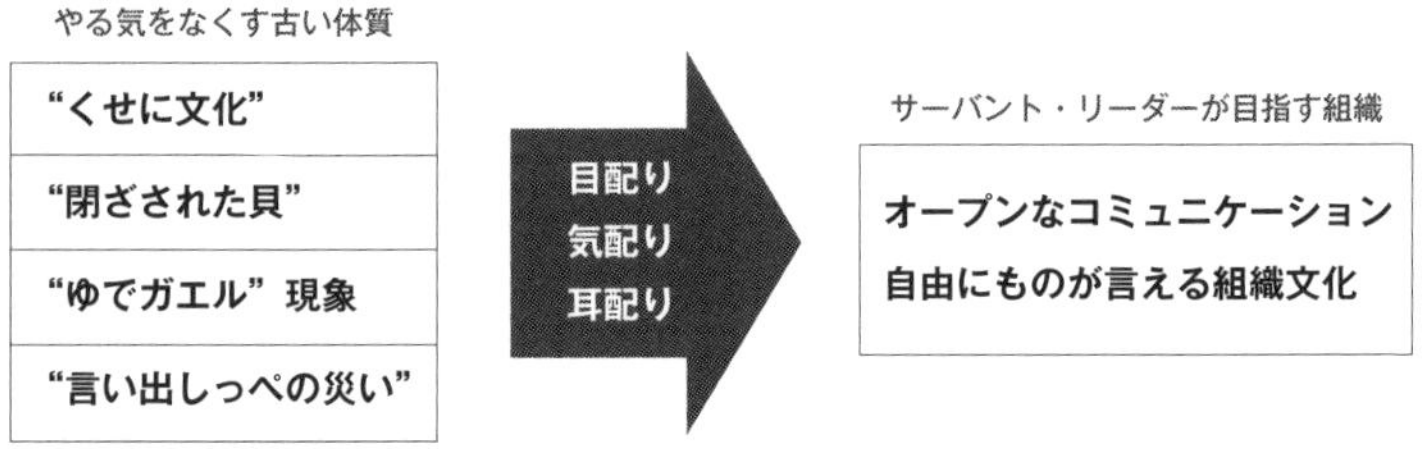

やる気をなくす古い体質		サーバント・リーダーが目指す組織
"くせに文化"	目配り	オープンなコミュニケーション
"閉ざされた貝"	気配り	自由にものが言える組織文化
"ゆでガエル"現象	耳配り	
"言い出しっぺの災い"		

出典：筆者作成

ましてや「言っても無駄、返ってくるのは『わかった、わかった』という返事だけだから」というような諦めムードが蔓延した「ゆでガエル現象」こそ、組織の危機である。「言えば自分の身に降りかかる」ような「言い出しっぺの災い」的な風土は何としても打破しなければいけない。

オープンなコミュニケーションのためには、リーダー自身がそれを実践することはもちろん、企業全体にその文化を浸透させる必要がある。また、それができるのが、サーバント・リーダーという存在なのだ。

リーダーには、組織全体の雰囲気や状態をよく見て、部下や仲間たちの声を聞いて、そしてお互いに気働きをする「目配り、気配り、耳配り」の実践が必要である。

●組織文化を変え、経営再建を進めた「星野リゾート」

古い体質から脱皮し、新しい文化をつくる。このことを常に頭に置いて、自由にものが言える風土をつくり上げ、経営再建に成功したリーダーがいる。星野リゾートの社長、星野佳路氏（以下、星野）だ。

星野は、１９９１年、父から軽井沢の老舗温泉旅館「星野温泉」を引き継ぎ、四代目社長として経営再建を進めることになる。その時から大事にしているのが、次の信条だ。

「すべての経営情報をスタッフ全員に開示し、現場スタッフと経営側が、ポジションに関係なく、議論をできることを重視している。こうした組織文化をつくりたい」

まさに、サーバント・リーダーの実践である。

現場従業員の意見を引き出し、経営側だけでなく、現場従業員にも情報を開示し、常に議論を行うことで、現場と一体になった経営が可能となる。結果、従業員の士気を高め、やる気を生み出すことにもつながっていく。

それだけではない、星野は経営環境をも変えた。再建に着手して4年後の1995年、社名も「星野リゾート」という現代的な名前に変え、仕事の質や進め方などにおいて従業員の意識転換を図り、改革にドライブをかけたのだ。

従来、日本の宿泊業では、フロント、調理、清掃など、それぞれ仕事は分業が当たり前だった。フロントは朝の見送りと夕刻のチェックイン時に仕事が集中するが、昼間は暇を持て余す。これでは「中抜け」のシフトが発生し、人的資源の有効活用などできはしない。

そこで、仕事そのものの仕方や担当も変え、スタッフはすべての業務技能を身につける「マルチタスク」を採用した。

さらに、この仕事のやり方を「仕事単位から、時間単位」に変えた。

たとえば、6時出勤の早番の担当者は、朝食の準備、ホールでのサービス、その後はフロントで宿泊客の見送り、そして部屋の清掃をして15時には勤務を終えて退社となる。13時出勤の遅番は、夕食の準備、フロントで宿泊客の出迎え、レストランに回り、夕食の片づけを行って22時に退社する。

仕事の分業に応じた進め方ではなく、時間とともに仕事内容も変化させることで、双方にロスが発生せず、従来のような中抜けは発生しない。

この勤務スタイルだと、仕事時間の管理などはスタッフ自ら考えることになる。さらに、自らの意思でサービスや接客に変化や工夫を加えることのできる責任と権限を委譲したことにより、４年間で飛躍的な成長を遂げたという。

古今東西を問わないサーバント・リーダーの姿

米国のサーバント・リーダー、トーマス・ワトソン

こうしたリーダーの存在は、数え上げれば切りがない。

たとえば米国を見ると、ＩＢＭの中興の祖ともいわれるトーマス・ワトソンがいる。

彼は１９１４年から終身雇用制度を採用し、従業員の尊厳と成長の促進を重視している。その背景には、従業員は各人が様々な目標や希望、ゴールを持ち、またそれぞれ多様な能力、葛藤を持っているという考えがある。

こうしたマネジメントスタイルはトーマス・ワトソン・ジュニアに引き継がれ、その後

もＩＢＭは一貫して個人の尊厳を重視してきており、有名な「オープン・ドア・ポリシー」など、同社の最重要哲学ともなっている。

この言葉の意味は、本来はリーダーが勤務時間中は自分のオフィスのドアを開けておき、従業員が自由に相談や話ができるようにしておく制度である。

ＩＢＭにおけるオープン・ドア・ポリシーの考え方は、物理的なドアではなく、リーダーが心を開き、自由に意見や相談ができることを意味した制度だ。従業員個々の成長を促進する「機会均等」の理念から始まり、現在では上司への進言の自由性確保などにまで拡大され、従業員との良好な関係性構築の基本理念となっている。トーマス・ワトソンは工場やオフィスで自由に従業員からの相談を受け、彼らの成長促進に奉仕した。その精神が今日まで同社の組織風土に根付いている。

「一汁一菜」で藩政改革、上杉鷹山

日本では、江戸時代に山形の上杉藩で藩政改革に取り組んだ上杉鷹山(ようざん)もその一人だ。彼は１７６０年（宝暦10年）、10歳で高鍋藩主（現・宮崎県）の次男から山形の上杉藩の養子となり、17歳で藩主となって藩政改革を行った。

「一汁一菜」という質素な食事で財政改革を訴え、自らが「改革の火種」となって家臣や農民とともに藩の立て直しに邁進した。いわゆる経営改革の断行である（童門冬二『上杉鷹山の経営学』ＰＨＰ研究所）。

鷹山は、「どんなに冷え切った職場にも、必ずまだ消えていない火種がある。これをうつしあうことによって、灰のような職場も活性化する。そして火種はあなた自身だ」と説いた。

ただ、その陰には彼のリーダーとして藩士や農民を大切にする次のような人間観があった。「君主（城主）のために臣（家臣）や民（農民）があるのではない。臣や民のために君主がいる」

この意味は、家臣や農民が城主のためになにをしてくれるかではなく、城主が家臣や農民の幸せや成長のためになにができるかを考えることが大事だということである。

これをサーバント・リーダーのマネジメントとして、現代の企業に当てはめていえば、「リーダーのために部下や市民や顧客があるのではない。部下や同僚、そして仲間たちの

上杉鷹山「伝国の辞」　（写真2－③）

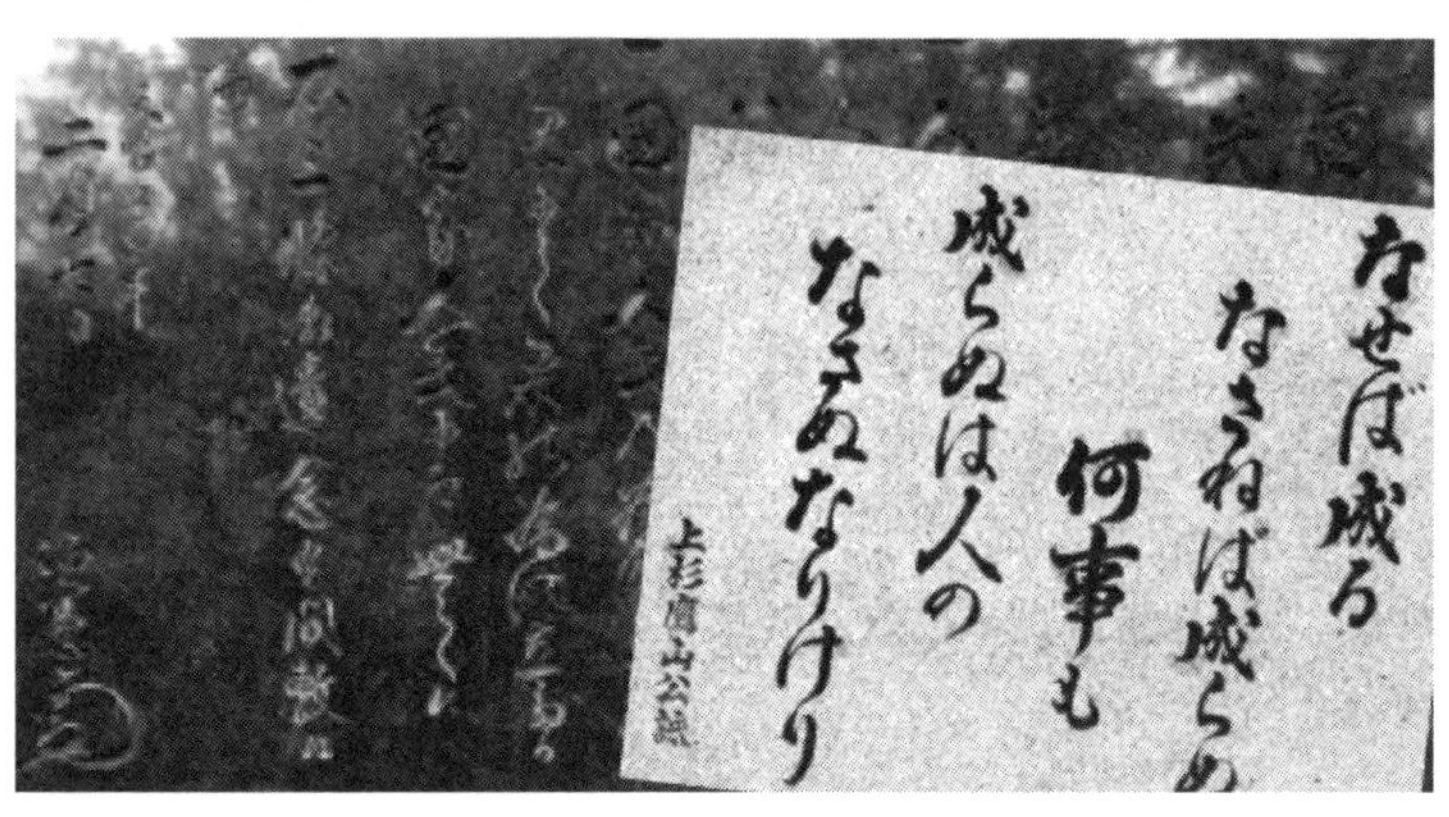

出典：米沢城下町上杉観光ホームページより

ために、リーダーである自分自身がなにを支援し、従業員満足や顧客満足実現に向けて行動するか」ということになるだろう。

　このサーバント・リーダーシップをもとに鷹山は藩政改革を成し遂げたが、その思想の背景には次のような有名な言葉がある。

「なせば成る、なさねば成らぬ何事も、成らぬは人のなさぬなりけり」

「すべてのことはやればできる。やらなければできない。何事もできないのは人がやらないからだ」という意味である。

　これは、鷹山が次期藩主・治広に家督を譲る際に申し渡した三カ条からなる藩主としての心得で、「伝国の辞」と呼ばれている。上杉家の家訓として伝承され、現在も松岬神社境内にその碑がある。

こうした藩政改革のあり方を知った米国のケネディ元大統領やクリントン元大統領は、最も尊敬した日本人として鷹山の名を挙げ、高く評価している。

「任せて育てる」坂本龍馬

土佐が輩出した幕末の偉人、坂本龍馬もまたサーバント・リーダーである。彼は「船中八策」を提起して維新の改革を進めた一人だが、以下のような興味深い言葉を残している。

「仕事というものは全部をやってはいけない。八分まででいい。……あとの二分は人にやらせて完成の功を譲ってしまう。それでなければ大事業というものはできない」(※9)

龍馬は、日本で最初の商社といわれる「亀山社中」をつくった人物としても知られている。薩摩を大株主に迎え、物資運搬や貿易の仲介をした。彼は、亀山社中におけるマネジメントの基本を「任せて育てる」に置いたとされる。かつて山越えで土佐を脱藩した時の仲間、関雄之助（本名：沢村惣之丞）に経営と会計を任せ、海務や書記も他の仲間に権限委譲し、人材育成にも注力した。

「任せて育てる。ただし、責任は自分で取る」

これこそ、人を育てる時に必要な考えだ。サーバント・リーダーとして部下を育てる極意であり、大事業をなす秘訣でもある。

「潜在能力の発見と育成」七つの原則

では、具体的にリーダーがどのように行動すればサーバント・リーダーにつながるのか。このことについて考えてみたい。

部下の成長を支援するには、ボトムアップのコミュニケーションを心掛けなければならず、前述のグリーンリーフもこのことを指摘している。彼の主張も含めて、次のような部下の潜在能力を発見し、育成開発をするための七つの原則を（図表2－④）にまとめた。

①オープンな雰囲気づくり（Psychological Environment）

「潜在能力の発見と育成」七つの原則　（図表２－④）

① オープンな雰囲気づくり（Psychological Environment）
② 積極的傾聴（Active Listening）
③ 受容（Acceptance）
④ 明確化（Clarification）
⑤ 共感的支持（Empathy）
⑥ 相互理解（Mutual Understanding）
⑦ フィードバック（Feedback）

出典：Greenleaf, R.K.（1970）に基づき、筆者作成

部下と気軽に語り合える雰囲気づくりであり、そのためには対話環境をオープンな雰囲気の環境で包み込み、精神的なゆとりを感じさせることである。言い換えれば、部下の気持ちの中にサイコロジカル・プライバシー（プライバシーを確保する雰囲気を与える）が保障された、心理的カプセルをつくり出すことである。

そのためには、リーダーが心を開き、リーダーが部下に対してその雰囲気づくりを要求する前に、部下を受け入れる土壌をつくることが第一である。

②積極的傾聴（Active Listening）

優れたリーダーは、部下の話に積極的に耳を傾ける。リンカーンは常に部下の話に耳を

傾け、現場の声を重視した。そうやって部下の信頼を勝ち取り、第一線の生きた鮮度の高い情報を得ることで、現状に即した的確な意思決定を行うことができたのである。

積極的傾聴には相手を心地よくさせる効果があり、リーダーと部下の間にラポール(Rapport：心の懸け橋)をかけ、信頼感を促進する働きを持つ。米国のクライスラー元会長のリー・アイアコッカは、その自叙伝でリーダーシップに重要な要素について「人々を動機付ける唯一の方法は、彼らとのコミュニケーションを密にすることである」と述べ、積極的傾聴の重要性を説いている。

③受容(Acceptance)

部下の発言、行動をまずは認めて、心から受け入れることから始まる。部下の言葉に落ち着いて耳を傾け、うなずきと相槌を打ちながら、ひたすらに傾聴することが大切である。批判的な言動で受け止めるのではなく、心の声を心で聞く、体の声を体で聞く、つまり心と体の発言を、非審判的・許容的雰囲気で受け入れることが重要となる。部下を受容することは部下からも受容されることである。

こうした態度が、あたかも部下がリンカーンを導いているように彼らに信じさせる結果をもたらしたとして、リンカーンはこれを「意図せざる」戦略と語っている。

④明確化（Clarification）

リーダーが部下を受容することは部下の意思を明確化することにもつながる。時として部下の潜在意識を掘り起こし、部下自身が定かではない目的を意識に上らせる方法でもある。つまり、相手とともに考えるということは、明確化の手法を通じて相手の言葉にならない感情を聞き出し、意識化させることにつながる。

このように、意思決定に迷う部下からの相談では、リーダーが部下を支援する気持ちを持ち、積極的傾聴と受容で部下の心情を聞き出しながら物事を整理することが効果的である。その結果、明確な方向付けを行うことが可能となり、部下の正しい判断を導き出し、最終的には部下の成長を援助することにつながるのだ。

⑤共感的支持（Empathy）

共感とは、部下の気持ちをありのままに心から承認し、相手の感情を自らに移し込むことであり、「感情移入」とも呼ばれる。部下が強調したい点を適切に認め、心から受け入れるというのが共感的支持である。

この共感的支持には、ポジティブな内容、すなわちプラスの側面を支持する方法と、ネガティブな内容、すなわちマイナスの側面を支持する二つのアプローチがある。

ポジティブな内容は積極的に増幅させながら支持し、ネガティブな側面は部下の心理状態を察しながら静かに支持することが肝要である。

時として両者が混入したアンビバレンス（両面感情）な状態になることがあるが、まずはネガティブ要因を静かに受け入れ、その後、ポジティブ要因を積極的に受け入れる。そうやって両者をバランスよく受容したのちに、後者のメリットにハイライトを当てることが重要となる。

⑥相互理解（Mutual Understanding）

リーダーと部下は相互理解のコミュニケーションを形成しなければならない。そのためにはリーダーが部下に関心を示し、理解しようと努力することが大切である。

つまり、相手を理解しようとする気持ちが部下に伝わることで、部下も同様の気持ちになり、リーダーと部下の相互理解の雰囲気が生まれるのだ。

⑦フィードバック（Feedback）

フィードバックは部下の行動を観察して、その結果を本人に伝えるコミュニケーション活動である。行動のタイミングと内容の適切性に配慮し、具体的内容にまで踏み込んで伝えることが重要となる。

たとえば、評価の背景や理由、部下の行動に至るステップまでコメントすることで、将来の改善に向けた具体的フィードバックとなる。もし部下の行動が適切でなければ、リーダーが具体的方向性を明示することも必要となる。

顧客の笑顔を拡大したアデランス

創業者の復帰で求心力を高め、苦境から脱出

●従業員のやる気を高める、それがリーダーの役割

このように、サーバント・リーダーシップを実践する組織や人物を挙げれば、枚挙に暇がない。そして、従業員の成長を支援する組織は、逆境の時代にあっても活力に満ちている。

企業は、常に従業員の声に耳を傾け、働きやすい環境をつくることを心掛け、従業員のやる気を高める努力が必要となる。ささいなことでもよい、その配慮を示すのがリーダーの役割である。

総合毛髪関連事業で世界17カ国、子会社51社を経営するグローバル・ブランドのアデランスは、「ＥＣＳＲによる三方よし経営」で、グッド・カンパニーの実現を目指している。ＥＣＳＲとは、ＥＳ（従業員満足）、ＣＳ（顧客満足）、ＣＳＲ（企業の社会的責任）の三つを束ねた筆者の造語である。

１９６８年、新宿で産声を上げたアデランス。創業者の一人で代表取締役会長兼社長ＣＥＯの根本信男氏（以下、根本）もまた、サーバント・リーダーの一人だ。

一度は第一線から退いた根本だが、従業員の求心力を高めるため、２０１１年2月に代表取締役に復帰した。その後、２０１５年9月以降、同社の生え抜きから経営者に育てた現・代表取締役副社長ＣＯＯの津村佳宏氏（以下、津村）に権限委譲し、責任あるマネジメント体制を敷いている。

●「もの言う株主」、投資ファンドの資本参加

とはいえ、これまで順風満帆で来たかといえば決してそうではない。

平成バブルの絶頂期、「商品を売るよりもこころを売る」ことをポリシーに掲げてきたはずであったが、株式公開したことにより、短期的な事業成長を推進し、現場に苦労を強いた苦い経験もある。

これを受けて、社内ルールを制定・強化し、売り上げ重視ではなく、アフターケアと顧客満足重視の経営へと新たに舵を切ったのである。


当時、現場で改革の先頭に立ったのが、津村をはじめ、陰山昌利取締役国内事業本部長、古川政明取締役海外事業本部長といった現在の経営幹部である。

この三人は、経営が苦しい時も仲間たちと切磋琢磨しながら、よい会社を目指して這い上がってきた「現場をよく知る」従業員だ。彼らの経験してきた苦労が、今も同社における顧客満足重視の現場主義を支えているのである。

その後、１９９７年、東京証券取引所市場第一部に上場したが、プロローグで述べたように、この株式上場が同社にとって波乱の幕開けとなる。

２０００年代、「もの言う株主」として知られる米国の投資ファンド、スティール・パートナーズ（以下、スティール）が、日本のいくつかの企業に対し、大量株式保有によるTOBあるいはM＆Aでの資本参加を進めていた。

アデランスも２００４年から資本参加を受け入れ、２００９年５月の株主総会では、大株主としてスティールから取締役選任の株主提案などもあり、２００９年５月には取締役体制が刷新された。厳しい経営状況から、度重なる経営層の交代を経て、それまで第一線を退いていた根本が２０１１年２月に代表取締役に復帰することとなる。

創業者として従業員の信頼が厚かった根本が復帰したことで、従業員の心に会社に対する忠誠心がよみがえった。

「商品を売るよりもこころを売ろう」という本来のポリシーが復活したのだ。

根本を中心に全従業員が一体になって再起を誓い合うことで、求心力が高まるとともに、現場に活力が戻った。現場の努力で業績も次第に回復し始め、低迷していた株価も上昇した。

４年後、スティールは投資資金の回収もあって、２０１４年末にアデランスの持ち株の大部分を売却している。

●グローバル展開の鍵を握る、米国のヘアクラブを買収

スティールの資本参加により、グローバル化にドライブをかけるという良い成果が今、花開こうとしている。

特に北米市場のアデランスの米国子会社ヘアクラブが好調で、ニューヨークのマンハッタンにある同社の販売店舗は、連日多くの顧客が訪れている。

このヘアクラブはスティールが推薦した当時の北米担当取締役が主導した案件で、２０１３年４月に１億６３００万ドルで買収した。米国は３億１０００万人の人口があり、特に薄毛の人も多いとされている。そうした中、男性用オーダーメイド・ウイッグ市場では、最大シェア約12％（アデランス調べ）を持つ米国最大手の会社となっている。

有望なのは男性市場だけではない。10万円以上の高品質なウイッグが40歳以上の女性から高い人気を集めており、津村は「はっきり言って、競合相手がいないブルー・オーシャン（新規開拓市場）」と表現するほどだ。

ヘアクラブの買収は、アデランスの目先の利益面では単純には寄与しない。バランスシートの無形固定資産において、のれんの償却費などが年間約30億円に上ると試算されているからだ。

アデランスはこれまで、カウンセリングやアフターケアを中心とした高価格帯市場を得意としてきた。前記のとおり、「商品を売るよりもこころを売る」ポリシーで、顧客満足重視の経営を進めてきたが、ここにきて異業種からの参入などにより、1万円以下の低価格帯商品の台頭で、国内市場が飽和状態となっている。いわゆる「レッド・オーシャン（競争の激しい既存市場）」である。

そうした中、2016年2月期の連結売上高は791・5億円で、前期比3・22％増であったものの、同期の連結最終損益は18・6億円の純損失となり、苦戦を強いられた。ただ、明るい情報もある。前記のとおり、ヘアクラブをはじめ、同じ米国のボズレー社などの海外市場は今後の稼ぎ頭と見込まれている。国内市場をカバーするのみならず、今後のグローバル戦略上でも重要な鍵を握っているようだ。

守りと攻めの三方よし経営で、グッド・カンパニーを目指す

●ＥＣＳＲで「強さとやさしさ」を提供

2015年9月から津村の下で新体制になった同社であるが、前述のとおり、2016

年2月期は厳しい業績で終了した。しかし現在は、新たな経営ビジョン「ＥＣＳＲによる、守りと攻めの三方よし経営」を推し進め、新たな飛躍を目指して全社員が一体になった経営に取り組んでいる。その一端を紹介したい。

顧客が支持する会社とは、どのような会社だろうか。その疑問を解く有名な言葉がここにある。

「強くなければ生きていけない、やさしくなければ生きている資格がない」

作家のレイモンド・チャンドラーが自身のハードボイルド小説の私立探偵に言わせた有名なセリフだ。

これは今の時代に生きていく人間に必要な条件のように思うが、会社にとっても同じことがいえるのではないだろうか。

会社は百年といわず数百年先まで未来永劫に存続できることが理想である。そのためには、安全・安心をベースに社会のルールを守りながら、売り上げや利益を追求し、明日に向かって確固たる基盤をつくる「強い」会社であることが求められる。いわゆる「守りの

守りのガバナンスと攻めのECSR　（図表2－⑤）

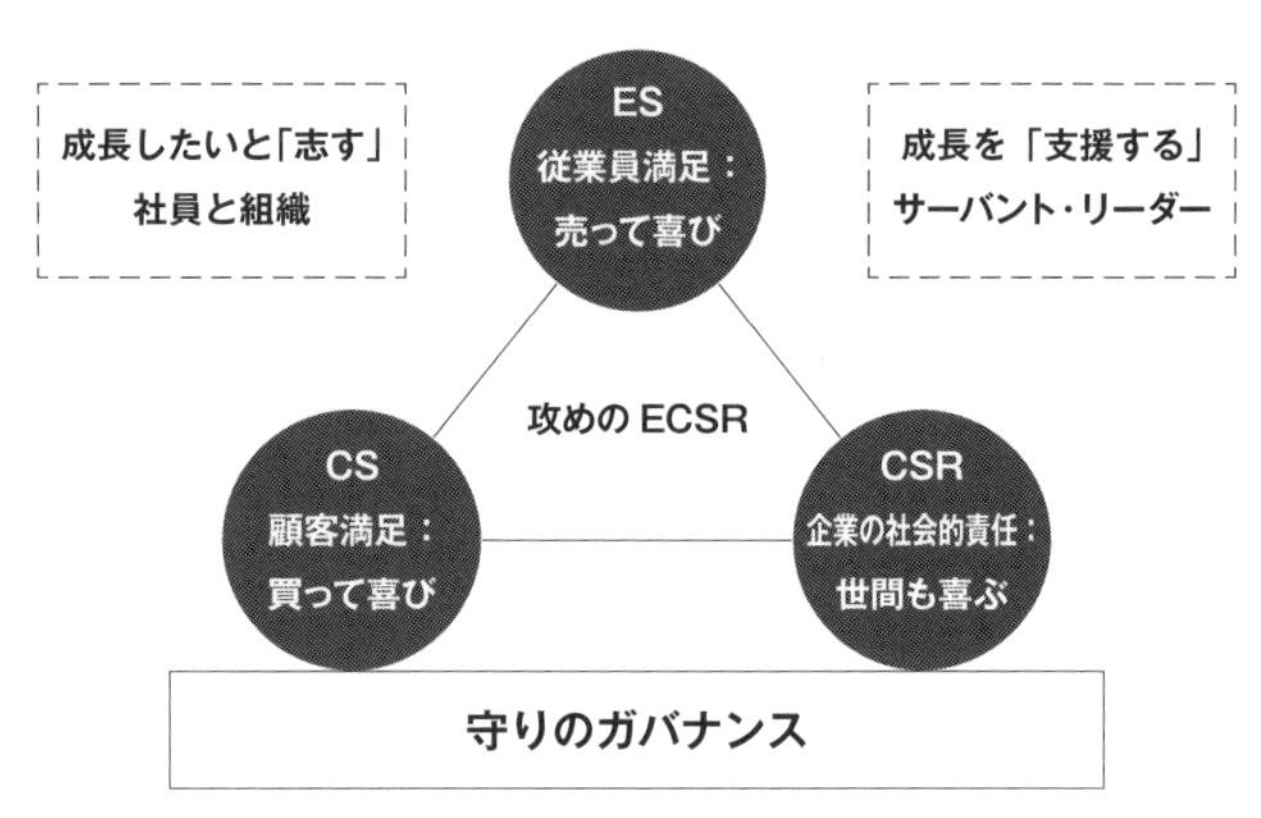

出典：筆者作成

ガバナンス」である。

その上で、従業員の満足を追求しながら（ES：従業員満足）、消費者に喜びを与え（CS：顧客満足）、そして、取引先や地域社会・地球環境などに対し貢献する（CSR：企業の社会的責任）「やさしさ」が必要だ。

前述したように、筆者はこの三つを一体化させて「攻めのECSR」と称している。

●「お客様の笑顔が、私たちの喜び」

およそ四人に一人が65歳以上の高齢者といわれる今の日本。団塊の世代が高齢者の仲間入りをして、ますます高齢者が増える見込みだ。

こうした時代の流れを読み、高齢者のニーズに応え、顧客満足度を高めることで、人に優しいビジネスを行う会社は高い評価を得ることができるだろう。たとえば、「いつまでも若くありたい」という若さへの憧れは人間の永遠のテーマである。

美容業界では、俗にノーベル賞候補の「３Ｓ」といわれる「しみ、しわ、白髪（ローマ字表記で頭文字がいずれもＳ）」の分野がある。

白髪の研究に関連して考えれば、ふさふさとした黒髪を通して高齢者に若さと生きる希望を与えながら、社会的課題を解決する活動といえるだろう。

ウイッグに対するニーズを持つのは高齢者だけではない。抗がん剤や放射線治療による脱毛や円形脱毛症に対する医療用ウイッグも近年ニーズが高まっている。こうした医療分野における毛髪の悩み解決は、患者の生活の質を向上させることで精神的な安らぎをもたらすという「ＱＯＬ（Quality of Life：生活の質）の改善」にも結びつく。

抗がん剤治療で脱毛している患者の増加に対応し、アデランスは２００２年、病院内に理美容室を開設した。そこではバリアフリー化とともに移動式美容椅子も導入している。これらは患者目線の発想が生み出した成果である。

箕輪睦夫執行役員海外事業本部副本部長兼ＣＳＲ推進部長によれば、現在では、日本全

がん撲滅キャンペーンの啓発活動をすすめる　　（写真２－⑥）
ヴァン・ズンダート氏ら

写真提供：アデランス・ベネルクス社

国で26店舗、海外でも福祉先進国であるスウェーデン（4店）やオランダ（3店）、ドイツ（1店）にも開設され、日本の病院内へアサロンのビジネスモデルが世界に広がっている。

病院内サロンと同じように、がん患者に対してウイッグ・カウンセリングを行いながら、愛用者を増やす活動に専念する女性がオランダにいる。アデランス・ベネルクス社に勤務するヴァン・ズンダート氏だ。

ズンダート氏は自身のがん体験をもとに「Stichting Nu Jij（スティッチング・ヌ・ジジ）」財団を設立、がん撲滅キャンペーンの啓発活動を繰り広げている。それだけでなく、同じがん患者としての痛みをシェアし、話し合う

大分大学に2016年４月に開設された病院内ヘアサロン「ヘアサロン　こもれび」　（写真２－⑦）

写真提供：アデランス

ことで、相手を思いやる「共感」の感情が芽生えるといい、患者目線で親身になって相談に乗り、メイクやエステ、食事会などを開催。こうしたサロン活動が患者からの信頼にもつながり、ウイッグ紹介や購入に結びついているという。

一連の活動がアデランスの社内で評価され、彼女は２０１５年４月に実施された同社のグローバル会議の席上で「優秀社員特別表彰」を受けた。同社が取り組む「ＱＯＬ改善型の戦略的ＣＳＲ」が、日本国内だけでなくグローバルレベルでも毎年着実に進化している好例だ。

こうしたアデランスの取り組みは、国の制度まで動かした。

抗がん剤治療の副作用による、がん患者の

脱毛の苦しみに着目した経済産業省は、医療用ウイッグなどを使用する人々の環境整備を図る目的で、２０１５年４月に「医療用ウイッグに関するJIS S9623（日本工業規格：クロフサ）」を制定した。

アデランスが業界のトップ企業としてリーダーシップを発揮し、ＪＩＳ規格の制定を働きかけたことも大きな後押しとなった。まさに、企業の社会的責任といわれるＣＳＲの実践である。

「抗がん剤治療による脱毛で悩む患者様に、少しでも笑顔を提供できれば、それが私たちの喜びにつながるのです。それが毎日の励みなんですよ」という、病院内サロンでヘアケアに取り組むスタッフの言葉が印象に残っている。

●柔軟な発想が「やさしさ」を育む

ＥＣＳＲは、社内外のステークホルダーの立場で、相手のことを思いやりながら、エコや健康、夢や喜びなど、様々な価値を提供するという「やさしさ」が前提とならなければ実践できるものではない。強さと裏腹なこのやさしさには、従業員の柔軟な発想や行動が不可欠だ。さもなければやさしさは生まれないだろう。

柔軟な発想といえば、芸能用のウイッグを提供し、新しい広報・企業イメージ戦略で成功するアデランスの事業領域がある。文化芸能部（スタジオＡＤ）と呼ばれる部門で、創設時の代表は故・山田操氏である。現在は伴仲道憲執行役員管理本部副本部長兼文化芸能部長の下、シニアディレクターの服部真樹氏を中心に、撮影や舞台等のウイッグ、ヘアメイク、それらのプランニングなどで活躍する。東京、大阪他、舞台やスタジオがある様々な場所で、全国を股にかけて幅広く活動している組織だ。

30年余り前のこと、日本でのミュージカル『キャッツ』（１９８３年、日本初演）上演に際して、同社の毛髪業市場における強みを生かし、舞台用のウイッグを劇団四季と共同開発したことがある。ミュージカルを楽しむ顧客に夢を与えるエンターテインメントビジネスへの貢献である。

アデランスは、この成功をきっかけとして、ウイッグとヘアメイクのエキスパートを組織化したスタジオＡＤを設立、以後、東宝ミュージカルや宝塚歌劇団など、劇場に足を運ぶ観客に向けて、夢や楽しさを提供する活動を繰り広げている。帝劇のミュージカル『エリザベート』『ダンス オブ ヴァンパイア』他、数々の作品にウイッグを提供し、協力している。

また、故・森光子氏の代表作としてロングランで上演されてきた舞台『放浪記』の中で、「でんぐり返し」が親しまれてきたのも、彼女の頭にフィットしたウイッグの存在あってのことであり、その意味では記録的ロングランの「影の功労者」といえるかもしれない。

現在は仲間由紀恵氏に代替わりし、「でんぐり返し」を「側転」にアレンジした演技が話題になっているが、ここでもしっかりと着されたウイッグの技術が生きている。

こういう視点で舞台を鑑賞すると、一層興味が湧くのではないだろうか。ウイッグを通じた演出協力は舞台だけにとどまらず、映画やテレビドラマ、コンサート、CMなど、多岐にわたっていることはいうまでもない。

●「観客の感動」が、従業員の満足を生み出す

ヘアメイクアーチストの富岡克之氏は、自分の仕事にチャレンジしながら次のように語っている。

「当社でしかできない、たとえばカラーブレンドの技術などを生かし、これからも良いものをつくっていきたい。舞台初日の観客の歓声、これが私の喜び、そして生きがいです」と。

「観客の喜びが自分の喜びにつながる」、これこそ、接客やサービス、エンターテインメ

アデランス スタジオ AD がウイッグを提供した ミュージカル『キャッツ』」　（写真２－⑧）

撮影：荒井 健　写真提供：劇団四季

ントにかかわるスタッフの醍醐味ではないだろうか。ヘアメイクを担当するアデランスは直接的に顧客満足を提供するわけではないが、舞台演出に貢献することで、芸術というサービスを買い求めた観客に対する間接的な顧客満足に結びついているといえる。その意味では、これらもやはり、「顧客が喜ぶ（買い手よし）」「世間も喜ぶ（世間よし）」という活動の実践なのである。

●ＥＳなくしてＣＳなし

「守りと攻めの、強くやさしい会社」、その実践の鍵は従業員の意識と行動にある。なぜなら、現場の第一線で活動する従業員は、顧客や地域の人たちに自社の経営理念やマーケティング活動を伝播する役割を担っているからだ。
一方、社内にあっては、現場の彼らは経営理念や活動から喜びを感じ、メリット（成果）を享受する。つまり、従業員は、自社の価値を伝える伝道者であり、また受益者でもあるという表裏一体の立場を持つ人たちなのである。だからこそ、従業員の意識と行動に目を向けることが大事になるわけだ。

筆者は、いつも「ＥＳなくしてＣＳなし」と主張している。現場の従業員に誇りと喜びのない組織が顧客満足を達成することはあり得ない。顧客満足の活動は誰が実践するのかといえば、ほかならぬ従業員だからである。顧客満足を目指す会社は、まずは従業員満足を目指すべきだ。そのような会社は、メンバーがやりがいを持って働き、組織の求心力が高まるのである。その結果、従業員満足（ＥＳ）を生み出し、さらには顧客の喜びを目指す顧客満足（ＣＳ）につながり、これらが善循環の活動となって持続可能な発展に結びついていく。ＥＳとＣＳを一体化させるサーバント・リーダーが支持される所以がここにある。

「守りのガバナンス」と、「攻めのＥＣＳＲ」をもとに、成長したいと「志す」仲間たちと会社、さらには成長を支援するサーバント・リーダーが一体になれば「ＥＣＳＲによる三方よしの経営」が実践されることとなる。リーダー自身の実践力を「脚下照顧（きゃっかしょうこ）」で見つめなおす。まずは足元から固めることがスタートとなることを忘れてはならない。

従業員の成長を支援、働きやすい職場づくり

地域社会への参加を促進、辛子明太子の株式会社ふくや

働きやすい会社にするには、これまで述べたように、従業員の自主性を高め、自由にものが言える企業文化を創造することが大事だ。その上で、制度や文化を変え、サーバント・リーダーシップで従業員の行動を支援し、成長の場を提供することも重要となる。

従業員の成長の場はなにも会社内だけではない。会社の外にもあり、業務以外で人間的な成長を促進できる場所は地域社会にもある。

地域の人たちとの関係において発揮される影響力やリーダーシップへの評価は、一個人の人間性や人柄の魅力で判断されるものであり、会社での地位や肩書きとは無縁だ。

このような場では、人間的な魅力などをベースとして人間対人間の交流が大事になることから、仕事の進め方、あるいはリーダーシップ能力やマネジメント能力などの向上も期待できる。地域社会への参加を通して、個人の資質や能力が磨かれ、人として成長することができれば、その能力は会社の中、つまり仕事の場でも生かすことができるというわけだ。

こうした考えの下、従業員の成長を願い、支援する会社がある。福岡県に本社を置く辛子明太子の「ふくや」だ。

同社は、社員の授業参観やPTAの会合など、学校行事への積極的な参加を支援する。PTAの役員だけでなく、町内会の役員、スポーツ教室の監督なども対象だ。勤務時間内に会合などがある時、届け出れば参加も可能である。

単に参加を促進するだけではない。これらの役員、スポーツ教室の監督などになれば「地域役員手当・監督手当」まで給与に含めて支給するという。

これらの制度が生まれた背景には、こうした社外での成長が促進されれば、会社にとってもプラスになるという発想がある。社員の成長を願うに当たり、自由な発想をもとに多面的な角度から検討された制度といえよう。

社会に出勤する日「資生堂ソーシャル・スタディーズ・デー」

筆者が以前勤めていた資生堂でも、社会とのかかわりを通して社員の成長を促進する制度があり、その創設に筆者もかかわった。１９９３年から導入された「ソーシャル・スタディーズ・デー」という制度だ。

「会社に出勤するのではなく、地域社会での活動やボランティアへの参加などを通して、社会に出勤し、社会から学ぼう」というのがコンセプトで、この日は「社会に出勤する日」となる。休日ではなく出勤扱いとなり、社員はこれを1年間に3日取ることができる。東日本大震災以降は取得可能な日数を7日間まで拡大し、被災地での社員によるボランティア活動を支援している。

この制度で興味深いのは、出勤扱いとなることから、事前に届けを提出し承認を得ていれば、なにかトラブルがあった際には、本人が加害者、被害者どちらの場合でも、業務上の災害として補償の対象となることだ。

また、対象となる活動範囲も、地域社会での活動では、ボーイスカウトのリーダーとして行事に参加することなども含まれる。ボランティア活動でも、ボランティアに必要となるようなもの（たとえば、手話・点字の学習や、肝バンク・腎バンクなどへのドナー提供など）も認められる。


このように社会とのかかわりを深めることで、コミュニケーション能力など個々の成長を促進し、自立できる社員の育成に努めている。資生堂のこの制度もまた、自由な発想ができる風土・組織から生まれたものだ。

男性の育児休業取得率１００％「日本生命」

イキイキと働ける会社であるためには、ワーク・ライフ・バランスや育児休暇制度など、社員の働き方に対する支援を充実させることが大切である。

社会と企業の関係を考えたとき、男性も女性も同じようにイキイキとして輝き続ける組織でなければならない。男性だから、女性だからという分け隔てをなくし、自由にものが言えて、お互いに権利を主張できることが大切だ。そうした蓄積が男女共同参画社会の実現にも結びつくことになる。

たとえば、女性の出産と育児にかかわる問題についても、男性と女性がお互いに思いやり、助け合うことによって、活力ある組織へと進化できるのである。

そのような組織たらんと努力する企業の一つに日本生命保険相互会社がある。

同社は、女性が９割、男性が１割の会社で、男性にも育児休業制度があり、１週間の有休休暇が認められている。

「輝き推進室」の元室長で現在執行役員ＣＳＲ推進部長の山内千鶴氏（以下、山内）は、「ワーク・ライフ・バランスの促進は、男性の意識改革が大切」と語る。

育児休暇取得ハンドブックや事例集などを作成・紹介して社内共有を図る一方で、社長の理解もあり、人事部と調整して、今では該当する男性社員全員がこの育児休暇を取得するまでになったという。

育児休暇の内容について触れると、たとえば、配偶者の里帰り出産後、実家へ迎えに行

日本生命の「イクボス」　（図表２－⑨）

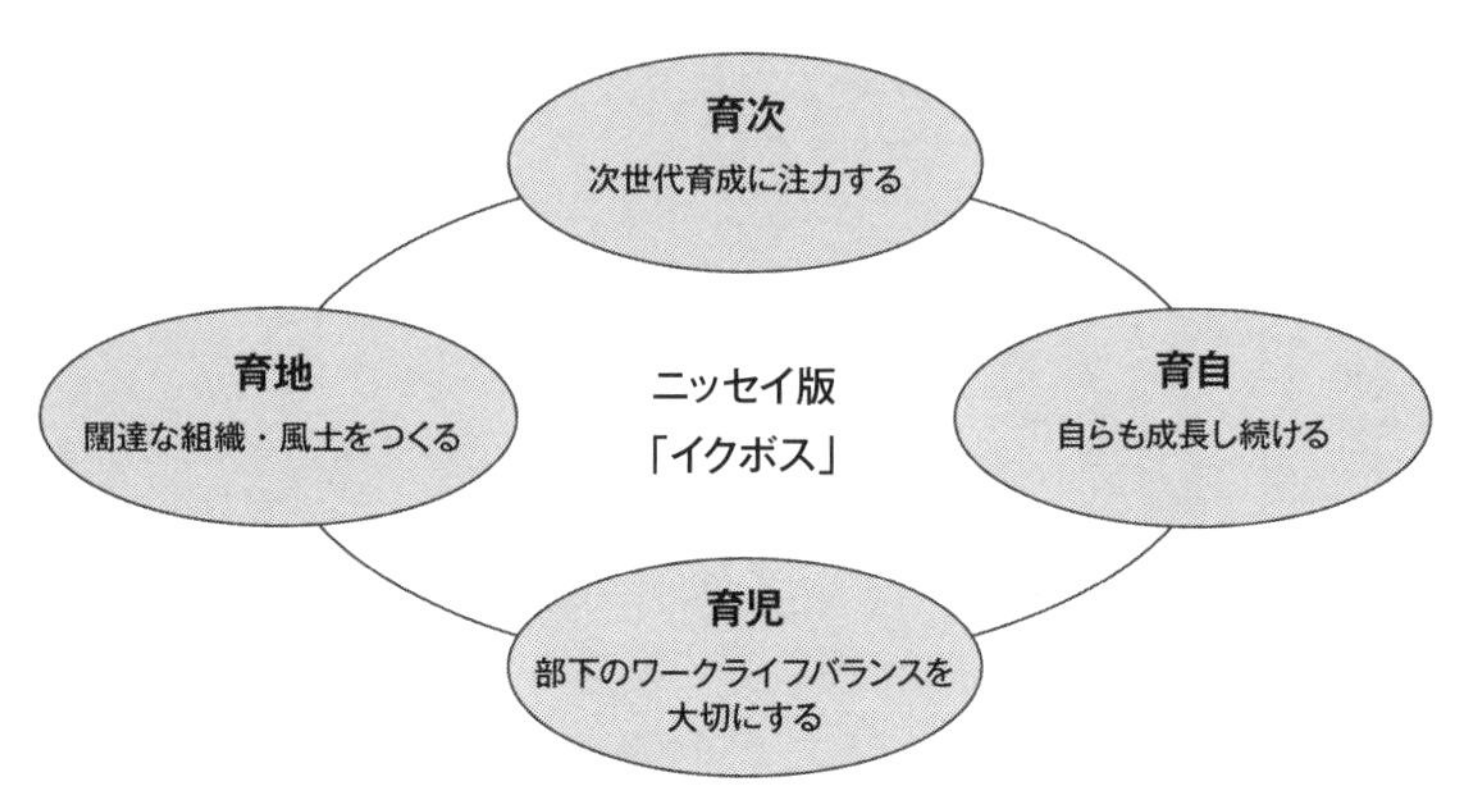

出典：日本生命保険相互会社資料「一人ひとりが輝く会社を目指して」より

くのに育児休暇を取得する事例なども盛り込まれている。

一般的に出産は妻の実家近辺でというケースが多く、数週間後に自宅に戻ってくることになるが、その時、夫が妻の実家まで迎えに行くと、妻の両親が驚きと感動のまなざしで、「あなたのご主人の会社って、素晴らしい会社だねと」異口同音に喜んでくれるという。

このような情報をハンドブックや事例集、また社内誌でも紹介することで、男性社員が気持ちよく育児休暇を取得できるようになり、上司や同僚も「当然の休暇」として温かく受け入れる風土が培われていった。

そんな同社がイキイキ、のびのびと仕事ができる会社であることはいうまでもないだろう。

また、山内は（図表2－⑨）のような「イクボス」育成制度までつくり、ダイバーシティを支える仕組みづくりにも取り組んでいる。イクボスとは、同社の人財価値向上プロジェクトにおける、人財育成、環境整備、組織・風土づくりのキーパーソンである「所属長（課長層）」をニッセイ版「イクボス」として育成し、当プロジェクトの推進を図るものである。

研修や取り組み事例などの共有化を通じて、「イクボス」の四つの「イクジ」取り組みを推進している。イクボスは上司の役員・部長・支社長に対して、顧客の視点に立った積極的な提案をする。加えて部下に対しては、彼らの主体的な行動促進を図る役割を持ち、サーバント・リーダーシップの実践としても機能している。

フリー、フラット、フレキシブルの３Ｆ組織

自由な発想を育み、従業員の成長を促進するには、インフラとなる組織構造のあり方そのものを考え、「部門の壁がなく階層性のない水平組織」であることも効果的だ。

ヒエラルキー構造の垂直型組織は多重階層であるため、コミュニケーションの伝達回路が長くなる。その結果、情報が連結ピンとなる個人を通過する都度、情報濃度が希薄化す

る。また、時として内容が歪曲化され、価値の共有に時間と労力を要する弊害がある。
さらに、このような組織は権限が委譲されないため、従業員の依存心が強くなる。そうなると、彼らの潜在的な能力や可能性を引き出しにくくなり、結果的に、従業員たちが自分で考えることをしなくなり、いわゆる「指示待ち人間」を生み出すことにもつながっていく。

倫理的感受性の強い企業文化を育む組織は、「３Ｆ組織」、すなわち、
①相互にフリー（Free：自由）な意思疎通
②階層のないフラット（Flat：水平）な組織
③フレキシブル（Flexible：柔軟）な発想
による、オープンなコミュニケーションが可能な組織形成が必要となる。

３Ｆ組織の特徴は、意思決定が中央集権的ではなく権限委譲型であることだ。その結果として自由な発想を生みやすくなり、創造的で豊かな思考と行動力を醸成することが可能になる。

この組織は、軍隊組織のような将軍支配、いわゆる他者統制型ではない。サッカーチー

ムのように、共通の目標に向かって各人に権限委譲がなされた主体的な組織である。そして、各人が上下関係ではなく対等な関係にあり、コミュニケーションの階層がないため伝達力が速く、自由度も高く、パワーが発揮されやすい。その代わり、当然のことながら自己規制が要求される。

強調したいのは、権限委譲がなされることで責任感が向上する点だ。これが業務スキルの育成、個人の自己実現をサポートする機能にも結びついていく。これらが、より強い信頼感とさらなるオープン・コミュニケーションを生み、倫理的感受性の強い企業文化の醸成へとつながることになるのだ。

●「画餅の理念」と「食べないカマス」症候群

これまで各企業の素晴らしい取り組みを紹介してきたが、どんなに立派な経営理念があろうと、それが画餅、つまり絵に描いた餅に過ぎず、従業員がなにを提案しても上司の実行が伴わないような風土では、働きやすい職場づくりはおぼつかないだろう。

従業員のやる気は喪失し、組織に諦めムードが蔓延して、「食べないカマス」症候群に陥ってしまう。そうなると、重大なトラブルを巻き起こす原因にもなりかねない。

餌に飛びつくカマス　（図表2－⑩）

出典：著者の指示によりデザイナー作成

「食べないカマス」症候群とはこうだ。

①カマスを水槽に入れて餌をやると、カマスは次から次へと餌に食いつく。

②次に水槽の中に一枚のガラスを入れて、一方にはカマスがいる側、他方はカマスがいない側として、水槽を二分割する。

③そこで、カマスがいない側に餌を投げ入れる

④カマスは餌に飛びついて食べようとするが、中央にあるガラスの仕切り版に頭をゴツンとぶつけて痛い思いをする。

⑤何度か痛い思いを繰り返すと、そのうちにカマスは餌を見つけても食べようとしなくなる。

つまりカマスは、餌を食べに行けば頭をゴツンとぶつけるだけで、無駄な行為であると学習したわけである。それだけではなく、「もういいや」と餌を食べること自体を諦めたのである。そのうちに、このカマスは痩せ細って最後には飢え死にしていくことになる。

こうした「諦め」は会社の中でもよくあることではないだろうか。

上司にいくら言っても「わかった、わかった。考えておくよ」と、口先だけの返事が返ってくるのみで、事態は一向に改善されない。何度か繰り返すうちに部下は、その上司にはいくら言っても無駄だと悟り、心の中に諦めと妥協が生まれる。そうなれば、結果は見えている。こうした従業員たちの間に無気力感が生まれ、活力ある組織風土とは無縁の組織となり果てるのだ。

あるいは、部下が新しいアイデアの提案をしたとしよう。このような企業風土の会社では、誰も進んで新しいことに挑戦しようという風土がないため、やることになった場合は一般的に「言い出しっぺ」がやらされることとなる。その結果、「新しい提案をすれば自分で自分の首を絞めることになる」という諦め感が生まれ、斬新なアイデアや改善の提案があっても、誰も口にしなくなっていく。

結果的に、自ら進んで問題を発見し、解決するような問題発見・解決型の仕事はできなくなる。また、自分で仕事を見つけて行動するという、創造的な仕事ができる従業員も少なくなってくる。そうしてやはり、上司から命令された仕事しかしない「指示待ち人間」だけが増えていくのだ。

●よみがえる「カマスの集団」

そのような食べないカマス集団を生き返らせるにはどうすればいいのだろうか。それは、新しいカマスをその水槽に入れてやることである。

新入社員のカマスは、餌を食べに行くと痛い目に遭うという「負の学習効果」を持っていないため、進んで餌を食べに行こうとする。その様子を見たオールドカマスは、「え、あの餌って食べられるんだ」と、一緒になって食べに行くようになる。

そうやって死にかけた組織が生き返っていくわけだ。

ここでの新しいカマスは、会社でいえば「負の学習効果」を持たない新入社員や、異なる価値観を持った社員である。

餌を食べてよみがえったオールドカマスの社員には、「よし、やるぞ」と新しいエネルギーが充満する。復活の道のりが見えてきたのだ。

そこで、リーダーが経営理念を形式化して明示し、それに基づくビジョンを提示することができれば、それが羅針盤となってオールドカマスにもやる気がみなぎり、組織の活力が高まっていく。

そのうち、組織全体から「うちの会社はもう駄目だ」というような妥協と諦めは消え去り、チャレンジ精神がよみがえり、創造力も生まれることだろう。

●足を引っ張り、邪魔するカマス

と、ここまではいいのだが、実はその先に困った問題が起きることがある。新しいカマスによって、カマスの集団がよみがえろうとしている際に、「足を引っ張るカマス」が現れて、すべてをぶち壊しにしてしまうのだ。

これでは元の木阿弥、このどうしようもないカマスのために、再び諦めと妥協の集団に逆戻りとなりかねない。このような組織の規律を乱すカマスを見つけたら、リーダーによるカウンセリングや部下との対話を通じて説得することになるが、それでも態度が変わらなければ、配置転換あるいは人事異動を考えなければならない。

思い切った処置になるが、それで組織がうまくいくのであれば、避けて通るべきものではないだろう。また、足を引っ張るカマスにとっても、新天地での再スタートが新たなきっかけをつかむチャンスとなるかもしれない。

「当たり前のことを当たり前に実践する」。簡単なようだが、これがなかなか難しいこともまた、現実である。

社員の幸せを大切にする経営「ドリームスカイ名古屋」

●「三つのグッド」が活動のよりどころ

会社が苦境に立たされると、組織は「食べないカマス症候群」になり、「足を引っ張るカマス」が改革の邪魔をする場合が多い。そのような場合には、ともすると「経験の災い」で過去の慣例や因習にとらわれて普通のことが当たり前にできないことがある。新しいことや判断に迷った時に振り返ってみるべきは、前例や慣習ではなく、会社が大切にし、そして社員の活動の指針ともなっている経営理念である。

こうした視点から、経営理念を柱に働きやすい職場づくりを目指す会社として「ドリームスカイ名古屋」を紹介しよう。

愛知県の中部国際空港セントレアで、ＪＡＬグループなどのカウンターや出発・到着ゲート、ラウンジなどで旅客サービス業務、他の航空会社も含めたエアカーゴサービスなどを行うドリームスカイ名古屋。創業１９８４年、資本金３０００万円、従業員数５１３名（２０１５年3月）の会社だ。同社には次のような三つの経営理念があり、社員の活動のよりどころとなっている。

Good Heart（グッド・ハート）：私達は、お客様と仲間への感謝の気持ちと思いやりの心を常に忘れずに、日々、正しく成長します。

Good Service（グッド・サービス）：私達は、全てのお客様にご満足いただける高品質なサービスを創造し、提供し続けます。

Good Dream（グッド・ドリーム）：私達は、会社の企業価値を高め、会社の発展と社員の幸せを実現して社会に貢献します。

●「グッド・コミュニケーション」の創造

公益財団法人・人権教育啓発推進センターが実施した、平成26年度「企業の社会的責任と人権」セミナーで、同社総務部アシスタントマネージャーの平岩美貴代氏がその取り組みについて発表している。その概要は以下のとおりだ。

同社では、経営理念の実現のために、なによりも「社員の幸せを大切にする経営」を志すことで、社長以下全社員が一体になって取り組んでいる。

その一つに、社員間のコミュニケーションを円滑にすることを目的として実施している様々なレクリエーション活動がある。

5月の潮干狩り、9月の日帰りバスツアー、11月のボジョレーヌーボー試飲会、12月の食事会など多種多彩だ。しかも家族の参加も大歓迎で、子供たちも含めていつもにぎやかだそうだ。

一昔前の昭和の時代、多くの会社が運動会や社員旅行を行っていたが、こうした会社のレクリエーション活動に対して社員の参加率が低くなり、また企業の福利厚生費の削減などもあって、実施する会社が次第に少なくなっているのが現実だ。

最近、社員間のコミュニケーション不足から社内の雰囲気がどうもギスギスしてきたという声をよく聞く。こうした悩みを抱える会社が、社員間の交流を深める目的で、ドリームスカイ名古屋のような社内行事やレクリエーションなどを復活させることが増えている。その意味からも同社の取り組みは、先進的な事例として大いにヒントとなりそうだ。

同社は、前述した三つの経営理念をもとに、レクリエーション活動などを通して社内のコミュニケーションを円滑にしていこうという思いがある。筆者はその成果を、第四の経営理念ともいえる「Good Communication（グッド・コミュニケーション）」と位置付けている。

同社には他にも、グッド・コミュニケーションを創造する活動がある。「褒める文化」を育てながら、組織の活力を高める活動がそれだ。

勤続5年・10年・20年・30年の節目に、それぞれ永年勤続表彰（特別休暇と副賞がある）を行い、全社員で祝い、称えることを実践している。さらに、皆勤賞や会社の発展に多大な貢献をした社員を表彰する「Good Dream」賞もある。このように、お互いを賞賛し認め合うことが組織活力の向上につながっているのだ。

三つの経営理念の実現を後押しする制度は、従業員の子育て支援にも生かされている。同社は、２０１１年からキンダーガルテンという事業所外の託児所と提携し、早朝5時から22時半まで、多様な勤務時間帯にも対応できるようにした。

こうした「社員の幸せを大切にする経営」が評価され、２０１２年に認定、２０１４年には、愛知県から「ファミリー・フレンドリー企業」として表彰されている。

働く社員の生きがいや喜びをどのように実現させるか。同社の取り組みは、現場の声に耳を傾けるとともに時代の価値観を読むことの重要性を教えてくれる。

「国家百年の計」は人材育成にあり

渋沢栄一の「人を育てる人的ネットワーク」

渋沢栄一（以下、渋沢）という、日本の近代化に多大な貢献を果たした偉大な人物がい

埼玉県深谷市にある渋沢栄一の生家と若き日の渋沢栄一　（写真２－⑪）

出典：2015年３月、筆者撮影

る。埼玉県深谷市に生まれ、江戸末期から明治、大正、昭和の四つの時代を生きた渋沢は、幼少の時代を生家のある血洗島（現在の深谷市）で過ごした。

渋沢家は農業を営む一方で、養蚕と藍玉の製造・販売を兼営し、栄一は父親とともに、信州や上州まで藍の販売と藍葉の仕入れに同行し、商売の才覚を養った。その後、徳川慶喜に仕えてパリで行われる万国博覧会に慶喜の弟・徳川昭武と同行してヨーロッパ式の経済システムを学び、後の株式会社制度の構築や合理主義思想を育んだ。幼少期に学んだ『論語』をよりどころに、倫理と利益の両立を掲げ、１９１６年（大正５年）に著書『論語と算盤』を発行し、「道徳経済合一説」という理念を打ち出した。

株式会社制度の構築や合理主義思想を育んだ渋沢は、第一国立銀行や東京商法会議所なども含めて、500社に及ぶ企業や組織の設立にかかわっている。日本における資本主義の父とも呼ばれ、他にも多くの事業や病院、学校などを立ち上げた。それらを可能にしたのは、彼の人間観をベースにした多くの人脈があったからだろう。

渋沢は人の成長ということに関して、人的交流を基本とした他者との関係性を重視した。しかも、その精神にはまったく邪念がなかった。経済を発展させ、利益を独占するのではなく、国全体を豊かにするために、富は全体で共有するものとして社会に還元することを説くと同時に、自身もそれを心掛けた。

その著書『論語と算盤』の中で、人との交わりについて、次のように述べているのが印象的だ。

「私は自分自身の心をもって、自分と一緒にやっていく人物に相対するのである。その人を道具にして自身の勢力を築こうなどの私心はなく、素直な気持ちで適材適所を考えて、多くの人物と接した。……（中略）……私を徳のある人と思ってくれる人もいるかもしれないが、私も人のことを徳があると思っている」[※10]

こうした姿勢から彼の周囲には人が集まった。幕末にロンドン大学へ留学した井上馨、伊藤博文らの長州五傑、また五代友厚、森有礼他19名の薩摩藩遣英使節団の人間など、多くのネットワークが出来上がっていった。

また、「女性教育が国家繁栄の礎にもなる」との考えから、その必要性に対する強い信念も持ち、伊藤博文、広岡浅子らとともに日本女子大学の設立にも関与している。

男女を問わず人材育成に力を注いだ渋沢のマネジメントスタイルは、男女共同参画社会やダイバーシティの意味からも、現代に生きている。こうした人脈のネットワークこそ、人の成長には極めて重要なことを渋沢の人間観から学び取ることができるだろう。

従業員は「人財」、企業の宝

人を育てることで組織は発展する。その重要性を渋沢は指摘し、彼は人の成長を促進する教育の重要性を説いた。

従業員は重要な財産であり、「人材」ではなく「人財」という表記を使用する会社があるのもその意味からだ。

渋沢が著した『渋沢栄一訓言集』(国書刊行会)の中でも「新しい時代には新しい人が必要だ」として、その時代によって求められる人も変わることから、時代に合った人材を育て、事に当たらせるべきだとある。


人を育てることの重要性については、古くは中国の戦国期における法家の書物である『管子』の一説にも「国家百年の計は教育にあり」と記されている。これは、「一年之計莫如樹穀 十年之計莫如樹木 終身之計莫如樹人(一年の計は穀を樹うるに如くはなし 十年の計は木を樹うるに如くはなし 終身の計は人を樹うるに如くはなし)」からきたもので、終身を国家に置き換えたものだ。

つまり、1年かけて物事をなそうとするなら穀物を植える、10年かけて行おうとするなら木を植える、終身かけて行おうとするなら人を育てるのがよいということである。

渋沢は、日本の将来を考え、「国家百年の計」として教育を重んじ、特に営商工業を中心とした実業教育を重視した。彼が重視した商いの道徳観は、論語を背景とした武士道にある。

人を育てる終身の計に生かした、道徳の王道　（図表２－⑫）

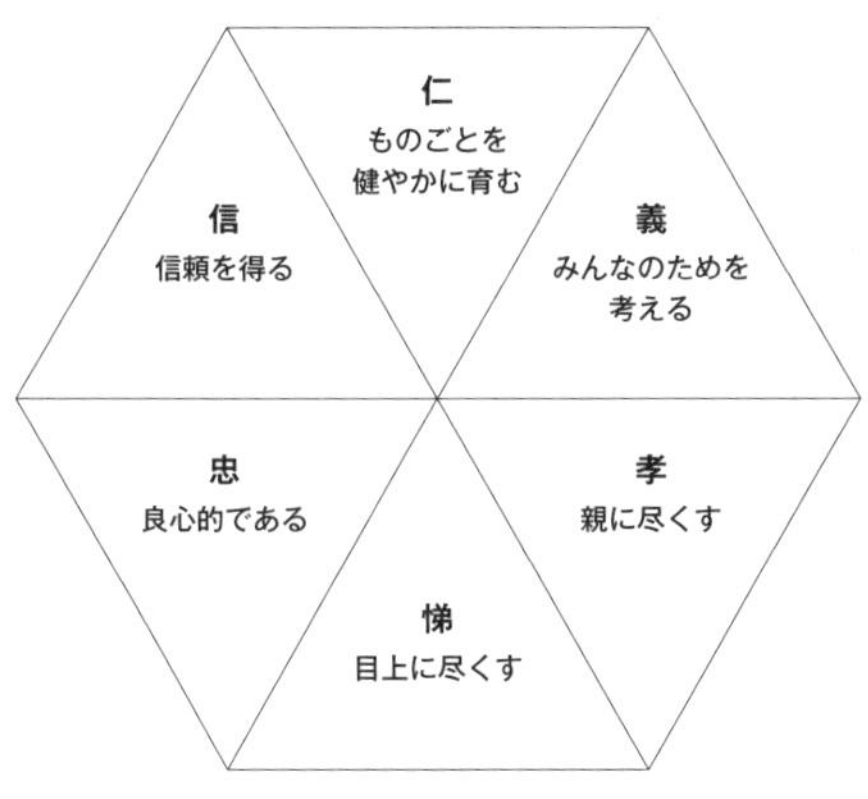

出典：『論語と算盤』に基づき、筆者が作成

これを道徳の王道として、前述の「終身の計：人を育てる教育」にも生かした。1875年（明治8年）に商法講習所（現・一橋大学）を設立したのも、その思いを実現したいがためである。ただ、彼は「理論や知識一辺倒ではなく、人格や道徳・正義がその根底にあるべき」として人間の成長に対する思いを語っている。

第２章のまとめ

会社を支えるのは、従業員である。彼らが成長することで、組織に活力が生まれ、ひいては社会の発展につながる。経営品質の向上は従業員満足が高まることで可能だ。そのことを考えれば、その原点が従業員の志と、成長を支援する環境や上司のサポートにあることは明白である。

本章のまとめとして、従業員満足が経営品質を高めるポイントを七つ挙げておいた。以下の項目にチェックを入れながら、いま一度確認してほしい。

□成長を目指して取り組む従業員の意識と行動にリーダーが目を向け、従業員満足度を高めること。

□部下が自ら考え行動する力「考動力」を育てること。

□自由にものが言える組織風土をつくり、従業員のやる気を引き出すこと。

□部下に権限を委譲し、仕事を部下に任せて育てること。

□「守りのガバナンスと攻めのＥＣＳＲ」で、従業員と一体になった「三方よし経営」を進めること。

□サーバント・リーダーシップを実践し、従業員が働きやすい職場づくりを目指すこと。

□「国家百年の計」は人材育成にあり。部下の潜在能力を発見し、育成・開発をすること。

第3章

顧客の喜び（CS=Customer Satisfaction）を目指し、魅力ある商品とホスピタリティに満ち溢れている…「買い手よし」

顧客満足（ＣＳ）を創造するには、魅力ある商品を生み出す研究開発力や品質などの商品力、顧客を引き付ける宣伝力などが優れていることが大切である。

併せて、それらを顧客に伝えるホスピタリティが必要なことはいうまでもない。まずは、魅力ある商品について考えてみたい。

ブランド・ロイヤリティ（忠誠）は無形の資産

ブランドは、「無言のイメージコミュニケーター」

●歴史と伝統をもつロングセラー・ブランド

今、夢のあるブランド、メガブランドなど、ブランドに対する関心が高まっている。

１８５４年に世界初の旅行鞄専門店として誕生、消費者から愛されてきたルイ・ヴィトンは、ロングセラー・ブランドを代表するブランドの一つだ。シャネルのバッグは、女性に夢を与え、持つことの喜びを感じさせる夢のあるブランドである。また、メルセデス・ベンツは、車の中でも世界最高水準の技術を売り物にしたパワー（強い）・ブランドといわれている。オメガの時計も、高品質とファッション性を備えた時計として築かれたラグジュアリー・ブランドの名声を保っている。

これらのブランドは、長い歴史の中で消費者に憧れと夢を提供し続けてきた。いずれも高級品のロングセラー・ブランドであり、世界でも有名なグローバル・ブランドでもある。

そもそもブランドとはなにか。その語源は「Burned（焼き印を付ける）」に由来する。エジプトのピラミッドに使用される煉瓦にも、産地を証明する意味で焼き印が付けられていた。近年は牧場で育てる牛や馬などの家畜を隣の持ち主と区別する意味で焼き印を押している。

このように、商品（サービス、アイデアなども含む）に他社と区別したイメージを焼き付ける、すなわちイメージを「抱かせる」意味で、ブランドという言葉は使用されている。グッチやクリスチャン・ディオールのロゴマークは、一目見ただけでそのブランドであるとわかり、おしゃれ、ハイセンスなどのイメージが伝わってくる。ブランドは「無言のイメージコミュニケーター」といってもよい。

商品にサービス、アイデアなども含むと書いたのは、たとえばＪＴＢが取り扱っているのは旅行を提供するサービスやアイデアであり、これもまたブランドと呼べるからだ。

●ブランドは、商品の付加価値を創造する

ただし、ここで明確にしておきたいのは、ブランドとは決して表面的なものではないということである。

簡単に「目に見える」ロゴやシンボルマーク、また、普段耳にする企業名や製品などが、その会社や製品のイメージを形づくり、印象づけるという側面は確かにあるだろう。しかし、そういったものが、顧客からのロイヤルティ（忠誠心）や信頼を真に築くことは難しい。本質的には、会社や商品全体の品質や味、使い心地などのハード面、そして、イメージや感覚、感性などのソフト面での評価も含めて、総合的な観点から価値創造に結びつき、そこからブランド・ロイヤリティも生まれる。

ブランドそのものは形を持たないが、ブランド・ロイヤリティがあるからこそ、人、物、金に次ぐ無形の資産ともいわれるのだ。

筆者は、特に商品ブランドについて、少し長くなるが次のように定義している。

「ブランドとは、商品（サービス、アイデアも含む）や会社そのものが持つ有形・無形の資産や情報・文化を、顧客や従業員などステークホルダーと称される利害関係者に与え、付加し、そこから様々なことを認知させ、連想や想像を抱かせ、最終的には価値創造に結びつける概念である」

したがって、不祥事やトラブルを起こした会社や製品に対する「ダーティー・ブランド」は、消費者の不平・不満で一時的にはあり得ても、永続的なブランドとはなり得ない。

●消費者ニーズや時代の流れに敏感であれ

このように考えれば、ブランドが持つ重要な役割の一つに「イメージ形成機能」があることは容易に理解されるだろう。これは、あるブランドに対して消費者が抱くイメージを形成する機能である。

人にやさしいというイメージを消費者が抱けば、「いい会社だな」とか「息子に就職先として薦めたい」といった気持ちにつながるだろう。

また、たとえば、トヨタのハイブリッド自動車『プリウス』というブランドに対しては、環境や地域にやさしいという意味から、「エコロジー」なイメージが消費者に形成されることになる。ただし、消費者が感じ取るのはエコロジーだけではない。品質の優秀性や会社に対する好感も同時に伝わっているのだ。

消費者は、その製品が持つイメージを重視し、買い物行動に反映させるようになっている。だからこそ、企業は「良好なイメージ」「ハイセンスなイメージ」「環境にやさしいイメージ」など、ブランドが目指すべきゴールを決めるようになったのだ。

ということを考えれば、企業としては消費者ニーズや時代の流れをそこから読み取ることが必要になる。その上で、対象となるターゲットを定め、モデルや音楽、さらには映像なども含めた総合的なブランド戦略によって宣伝・広告を展開するのである。これが消費者に受け入れられれば、そのブランドが目指すイメージを形成することができる。

「シンプル&エコロジー」、人と地球にやさしい会社

良い品を安く、商品の品質力でイノベーションを起こす

●日用雑貨や食品にも存在する「ブランド」

ブランドという言葉は、一般的には高級品の代名詞のような使われ方をするが、必ずしもそれだけではない。この後述べる無印良品や日清の『カップヌードル』など、日常で目にする雑貨や食品にもブランドは存在する。

近年は「人と地球にやさしい経営」への関心が高まっている。そこで、そのような概念を生かして商品開発を行い、ブランド・イメージの形成に成功したケースを一つ紹介したい。無名のプライベート・ブランド（ＰＢ）から世界的なナショナル・ブランド（ＮＢ）に成長した良品計画の「無印良品（ＭＵＪＩ）」だ。

●ブランドではないブランドとしてスタートした無印良品

１９８０年12月に西友のプライベート・ブランドとして誕生した無印良品は、ブランドを持たない無印であることを特徴にスタートした。そもそもの発案者は、セゾングループを率いた堤清二氏とデザイナーの田中一光氏である。

１９８３年、青山に一号店をオープン。今ではプライベート・ブランドの領域を超え

2015年9月フルリニューアルオープンした　（写真3－①）
東京・有楽町の世界最大旗艦店「無印良品有楽町」店

無印良品が提案する「感じ良いくらし」の提案と情報発信力をさらに強化するリニューアル。「本」から生まれる思いがけない「発見とヒント」、住空間から生まれる「発見とヒント」、衣服のリサイクルから生まれる「発見とヒント」の新しい取り組みを導入した。

画像提供：良品計画

て、日本国内では直営店312店舗とファミリーマートなどを含めた商品供給店102店舗（2016年2月期）を有するナショナル・ブランドとなっている。

『窓の家』という「住居」の販売もあり、単品に目を向けると、レトルトカレーなどは年間500万食も販売されている。

さらに、世界に目を転じれば、フランス、米国、英国など、海外25カ国、344店舗（2016年2月期）を持つ一大グローバル・ブランドにまで成長している。

西友が無印良品を発売した当時は、1978年にダイエーがノーブランド商品を発売、以降、イトーヨーカ堂の「カットプライス」、ジャスコの「ホワイトブランド」などが登場した。これらのノーブランド商品は、世界一の小売業といわれる「ウォルマート」やフランスの「カルフール」などのジェネリック・ブランド（Generics Brand）と同様に、ブランドを持たず、簡素なパッケージや包装により低価格で販売する商品群として位置付けられていた。

その意味から、無印良品はまったくブランドを持たないジェネリック・ブランドではなく、ブランド名称が「無印良品」というプライベート・ブランドからのスタートということになる。

ジェネリック・ブランドとしてのノーブランド製品は、当時は価格と品質が両立しない商品として、ブランドの価値としては低く評価され、長続きするものではなかった。だが、その後の無印良品やイオンの「トップバリュ」は、高品質なプライベート・ブランドとして成功を収め、今日に至っている。

●顧客にやさしく、従業員にやさしい会社

無印良品は常に顧客の意見をブランドや商品の開発に生かすことで知られている。顧客を大事にする「顧客にやさしいブランド」といえるだろう。

たとえば、「デニムのポケットをもう少し大きくしてほしい」という顧客からの声は、年間約17万件もあるといわれる。売り場の従業員は、それらの声を聞いたその場でメモをとるという。

無印良品のシャンプーとリンスの容器には、両者の区別をしやすくするために青や赤の識別リングが付いている。そのリングに「直接シャンプーと書いてほしい」との声があれば、お客様相談室や生産部、ヘルス・アンド・ビューティー部、生活雑貨部のメンバーを集めた検討会議が即刻開かれる。名付けて「お客様の声プロジェクト」。彼らによって製品改善や新製品の開発が検討されるのだ。

消費者のエコや環境志向にも耳を傾け、エジプト・オーガニック・コットンのバスタオルを発売するなど、オーガニックや地球資源を大切にする姿勢も顕著だ。

一方では、従業員が働きやすいように、その活動をサポートする仕組みもある。中でも、「MUJIGRAM（ムジグラム）」と名付けられた店舗運営のマニュアルの存在は特筆に値する。

業務ごと13冊に分類された、店舗運営マニュアル「MUJIGRAM（ムジグラム）」（写真3－②）

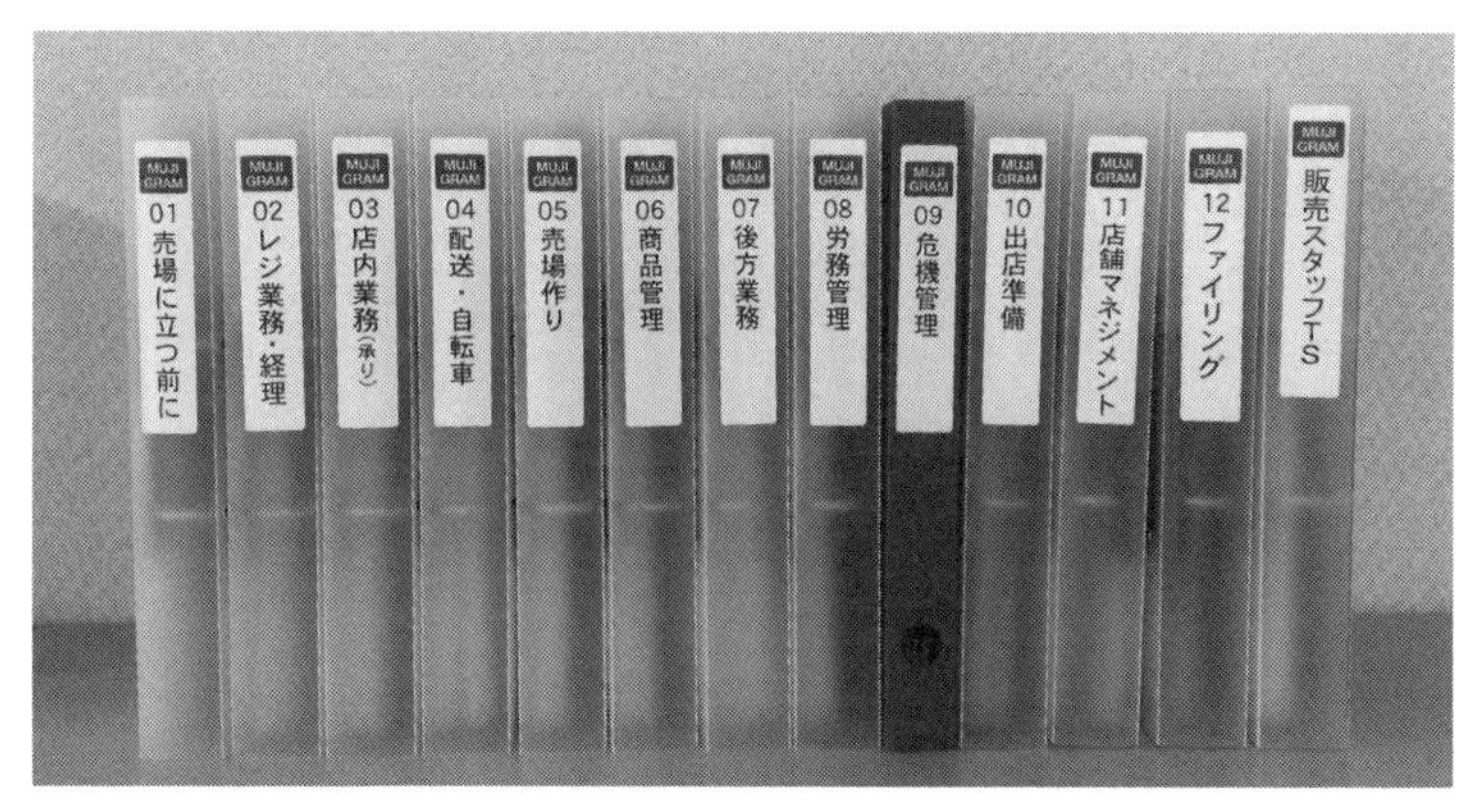

画像提供：良品計画

すべての時計の針が10時08分33秒に合わされた無印良品の時計（写真3－③）

画像提供：良品計画

この従業員にやさしいマニュアルには、たとえば、商品の「おたたみ」といわれる整理整頓の仕方について、「なにを、なぜ、いつ、誰が」というような視点から細かく書かれている。

また、時計売り場では、すべての時計の針が10時08分33秒に合わせられている。配置のバランスがよく、最も時計らしく見えるからだ。

こうした作業を標準化して、「見える化」することで、従業員であれば誰もが「当たり前のことを当たり前にできる仕組み」をつくっている。しかもこのMUJIGRAMは、現場の従業員が「変だな、おかしい」と感じれば、改善・変更を要求することもできる。現場の声が生かせるシステムもまた、従業員にやさしいマニュアルといえるゆえんである。

ブランド・コンセプトを商品に盛り込む

●素材、工程、包装の三つのわけ

無印良品における開発の歴史を紐解いてみれば、そのネーミングにブランド・コンセプトが盛り込まれていることがわかる。

当初の開発コンセプトは「わけあって、安い」であった。安くて良い品を提供することを主眼に、現在の良品計画の母体であった西友が、家庭用品9、食品31の合計40品目の生活必需品を開発したのだ。

「わけあって、安い」コンセプトは、商品本来の品質を追求することを最優先し、以下に説明する「素材、工程、包装の三つのわけ」をもとに、あらゆる無駄を排除することで、ノーブランド商品では成し得なかった価格と品質を両立させた。

①素材の選択：商品本来の品質追及の姿勢は素材から見直さなければならない

高品質の素材であっても見た目が悪いために使用されない素材や、業務用の素材、安価な旬の素材などを積極的に活用することで、低価格で高品質を追求することを心掛けている。地球にやさしいことをコンセプトとする同社では、木材本来の素材の色を大切にして「ウッディ」感覚を重視する。

②工程の見直し：生産工程では商品本来が持つ品質に関係のない無駄な作業を排除しなければならない

たとえば、使用に支障をきたさない多少の形状の不揃いは容認して、不要な装飾、デコレーションなどを除いたアンダーウエアを開発するなど、商品本来が持つ品質を優先させた必要最小限度の生産工程にとどめる。

③包装の簡略化：シンプル・イズ・ベストの思想の下、容器・包装やパッケージングなどにおいては、不要な装飾、無駄を排除しなければならない

一括包装できるように工夫し、ゴミの減量、資源の有効利用など、地球環境にやさしい最小限の包装を心掛けている。

こうしたコンセプトをもとに、再生紙の使用も他社に先駆けて取り組んだ。たとえば、未漂白のクラフト原紙のステーショナリーなどは「用の美」を基本として環境に配慮した商品である。ここでの「用の美」とは、主に日用品に対して用いられる言葉で、機能的であるとともに、心が満たされる、和むというような精神的な「美」の概念を含んでいる。

食品においても、純で廉価なおいしい食品を開発の基本に据えた。一例を挙げれば、フリーズドライのインスタントコーヒーでは、いわゆる「わけあり商品」を「粒の壊れを防ぐ工程を省き、粒は不揃いですが風味は上々です」としてアピールするなど、不揃いな素材であっても商品そのものの品質を生かしていることを訴求している。

こうした姿勢は、商品のみならず、シンプルな店内、陳列・装飾の簡素化など、店舗運営形態や宣伝コンセプトにも表現され、あらゆる企業活動を一体化させている。その相乗作用で「わけあって、安い」を具現化し、今日ではシンプル志向の時代感覚ともマッチし、「シンプル・イズ・ビューティフル」をよしとする若者の感性に強くアピールすることに成功した。

ブランドのネーミングも、開発当時のノーブランド商品（ブランドの名前を冠しない）と一線を画すために、「価格と品質の両立」を表現することを目指し、印（ブランド名）は無いが品質は良いという意味を込めて、漢字の無印と良品を合体させて「無印良品」とした。

●ブランド・リフレッシュの飽くなき追求

一つのブランドをロングセラーに結びつけていくには、何らかのフレッシュなメッセージやキャッチフレーズなどで、常に斬新なイメージを与えることが必要となる。無印良品はブランド・コンセプトを具現化させるために、（図表３－④）のようにキャッチフレーズを拡大進化させ、時代に合ったコンセプトの実現を常に意識してきた。

無印良品におけるキャッチフレーズの変遷　（図表3－④）

年	キャッチフレーズ
1980	わけあって、安い。
1981	愛は飾らない。
1982	ひとりひとりの無印良品。
1983	自然、当然、無印。
1984	色のまんま。
1985	まちが動いている
1986	動物の愛は、やさしいと思います。
1987	それ以上。
1988	地球大
1989	水生まれ。
1990	朝食畑から。
1991	じっくり、時間の味がする。
1992	どこにでもあるけど どこにでもないもの。
1993	今を重ねる。生活。
1994	家電について考えた無印良品。
1995	ごくありふれていない家電。
1996	女の本音でつくりました。
1997	空気にすると、解決できた。
1998	好きなものはシンプルに。
1999	声のキャッチボール。
2000	ロンドンに、パリに、MUJIの風が吹く。
2001	価格も、品質も、さらに良品になりました。
2002	無印良品の未来
2003	無印良品の行方
2004	無印良品の家
2005	茶室と無印良品
2006	しぜんとこうなりました
2007	家の話をしよう
2008	やさしくしよう
2009	水のようでありたい
2010	くりかえし原点、くりかえし未来。
2011	くらしの備え。いつものもしも
2012	人類は温暖か。
2013	良い旅を、良い品と。 MUJI to GO
2014	当然、自然、無印。
2015	地球の色
2016	新生活 2016

※複数ある場合は、代表的なものを一つのみ掲載

出典：無印良品ホームページより

ただし、２０００年のキャッチフレーズには、表に示した「ロンドンに、パリにＭＵＪＩの風が吹く」の他に、「20年前は40品、いま４０００を数える良品群です。」などもあり、各年度で複数の表現があるが、ここでは代表的なものに絞っている。

１９８１年には「愛は飾らない」でシンプルな良さを表現し、１９８２年には「ひとりひとりの無印良品」として個性の尊重をアピールしている。１９８３年の「自然、当然、無印」では自然をテーマにした環境志向を表すなど、ブランド拡張のメッセージを発信する機能も持たせている。また、１９９４年は家電、１９９６年は女性のランジェリーファンデーション、２００４年は家など、取り扱い商品の多様化を訴求するキャッチフレーズを採用している。

シンプル志向、個性化、環境志向、グローバル化など、時代の流れや消費者の価値観を反映させた無印良品のキャッチフレーズには、常に消費者起点を重視しながら、ブランド・コンセプトをリフレッシュしている様子が見て取れる。

グローバル・ブランドのイノベーション

●日本の「無印良品」から世界の「ＭＵＪＩ」へ

無印良品のグローバル化のネットワークは進化し続けている。世界25カ国で「ＭＵＪＩ」ブランドが受け入れられているだけではない。商品調達においてもグローバル戦略が構築されており、中国、インド、マレーシアなど世界30カ国以上、７００を超える拠点で開発・生産が進んでいる。

その中の一つ、２０１０年に始まったＭＵＪＩとＪＩＣＡ（独立行政法人国際協力機構）の共同プロジェクトでは、眼鏡ケースなどのフェルト製品が三種類開発され、現地の社会的課題の解決にも結びついている。

商品の品質へのこだわりも強く、エジプト・オーガニック・コットンのバスタオルなど、オーガニック（有機）製品の取り扱いも積極的だ。

また、有形の商品にとどまらず、津南、南乗鞍、カンパーニャ嬬恋などに「無印良品キャンプ場」まで開設している。驚くべきは、単純にキャンプ場を運営するだけではないことだ。アウトドア教室など健康・スポーツをキーワードとしたサービスやアイデアのソフト産業分野にまで無印良品ブランドのコンセプトを広げている。

●「くらしの良品研究所」を設立

２００９年11月、良品計画はさらなる進化を目指して、「くらしの良品研究所」を設立した。この研究所は、Ｗｅｂや店舗に寄せられた情報をもとに、生活者とのコラボレーションを基本的な立場として、商品を育てる機能を持っている。

新商品の開発と既存商品の点検を無印良品の原点と位置付け、それぞれ繰り返し確認することで、アイデンティティの確立を図るとしている。２０１０年のキャッチフレーズは、それをコンセプトに反映し、「くりかえし原点、くりかえし未来。」とした。

このように、「良品である理由」を常に点検しながら、近未来の生活に役立つ新しい素材開発やライフスタイルなどにも目を向け、商品化提案やアイデア、サービスの創造に結びつける仕組みができているのだ。

無印良品の事例から学ぶべきは、いつも時代の流れを把握し、消費者の価値観やライフスタイルの常に三歩先を行くコンセプトで、ブランドのリフレッシュを心掛けていることだ。この姿勢は、生活文化産業を目指す企業にとって、「魅力ある商品としてのブランド価値創造」のヒントとなるだろう。

消費者に夢を与える商品を生み出す研究開発力

モノづくりへのこだわりが、大ヒットを生む

●製品改良でロングセラー・ブランドを育成

新製品開発の一つに、その会社が有する既存の中核的価値（コア・バリュー）を生かす方法がある。ここで取り上げる江崎グリコの『ポッキー』にもコア・バリューがある。２０１５年で誕生50年目を迎えた『ポッキー』は、日本を含め世界約30カ国で年間約５億箱、３・８億ドルを売り上げる巨大ヒット商品となっている。

『ポッキー』誕生の原点を探れば、『プリッツ』のノウハウに突き当たる。グリコは１９６３年に『バタープリッツ』を発売、スティック状で持ちやすいことが受け、老若男女を問わず市場を拡大して大ヒットしたが、それを受けて次なる新製品の開発が求められていた。

『ポッキー』の歴史　　（写真３－⑤）

『プリッツ』
発売時

『ポッキー』
発売時

『ポッキー
赤箱』

『ココナッツ
ポッキー』

『ご当地みやげ
ポッキー
〈夕張メロン〉』

出典：江崎グリコ広報部提供

マーケティングの視点から見れば、企業の変革には常に新しいアイデアが必要だ。既存製品の改良や新市場の開拓にも目を向けなければ、ロングセラー・ブランドの育成は不可能である。

当時の開発担当者は、次なるサクセスストーリーを求めて「プリッツにチョコレートをかけたら？」という新しい発想を生み出した。しかし、『プリッツ・チョコレート』では、それを持つ子供の手が汚れる。その結果、実際に購入して子供に与える立場にある母親から、服を汚すとの不評を買うことが予測された。

そこで、持つ所にチョコを付けなければ、「手を汚さずに食べることができる」というアイデアが生まれた。まさに「将を射んと欲すれば先ず馬を射よ」で、母親にも喜ばれる菓子になることを目指したのである。

●実用新案で登録、他社の追随を防ぐ

このアイデアは、実際のところは「秘中の秘」(江崎グリコ広報部)だが、「串に刺したカツをソースにつけて食べる、大阪名物の『串カツ』に持ち手があることからヒントを得た」というウワサが伝説になっている。

さすが、大阪の会社らしい。これが、現在へと連なる『ポッキー』のコア・バリューになっている。

チョコが付いていないクッキー部分がわずか2センチだけ残されており、その2センチがあることで、食べる時に手を汚さないだけにとどまらないメリットをもたらした。すなわち、サッカースタジアムで試合を楽しみながら、おしゃべりをしながら、スマホを見ながら、そして本を読みながら、様々な場面で「ながら状態」のまま食べることができるようになったのだ。

消費者が食べる際の悩みを解決するだけでなく、あらゆる食の場面にまで気を配るとい

う細やかな配慮が心憎いではないか。

しかし、優れた着想を実現させるための生産技術も必要になる。同社では従来の設備を改良に改良を重ねた。

まず、クッキーの軸が曲がらないように焼き、カットする際には割れないように注意した。その上で、持ち手部分に付かないようにしながらチョコでコーティングしていく。

さらに、そのコア・バリューが他社に模倣されないよう、その技術を守ることにも目を向けた。１９６９年には、「持つ所にチョコレートをコーティングしない」という製法が実用新案に登録された。これにより同社は独自のアイデアを確保することができ、後々まで競合品の市場参入を防ぐことができたのである。

●「ポッキン」の響きから『ポッキー』とネーミング

『ポッキー』は、まず１９６７年に京阪神で、そして１９６８年に全国展開を図った。結果、発売2年で30億円以上の売上高を確保する大ヒット製品となった。

多くのネーミング案の中から、食べた時にポッキンという音がすることをヒントに『ポッキー』と名付けたことも奏功しているように思われる。

当時の広告課長は「食音シズル」という表現で、このネーミングについて語っている。

グリコではすでに『プリッツ』の宣伝において、カリポリカリポリと食べた時の音を音楽化している。また、のちの『ペロティ』も「ペロペロ」と食音シズルを用いた表現で成功している。

シズルとは、たとえば焼き肉を焼く際のジュージューという音が食欲をかきたてるように、人間の欲求を本能的にかきたてる刺激を指す。

グリコは早い時期から、「食音シズル」というキーワードによって商品の魅力を伝える術を会得していたといえるだろう。

常に創意工夫を大切に

●コア・バリューは「シェアハピネス」

「手を汚さずに食べることができる」というコア・バリューの根底には、『ポッキー』が大切にしているコンセプトがある。

グリコのマーケティング本部・三木孝司氏は、次のように語っている。

「シェア ハピネス（Share happiness：幸せをシェアする）という言葉があり、みんなで幸せを分かちあえるチョコスナックにしたい。ハッピーな場面にはいつもポッキーがある」

この言葉を聞けば、家族が寄り集まって『ポッキー』を片手におしゃべりをしながら楽しいひと時を過ごす光景を想像することができる。
消費者との関係性を重視する消費財や食品会社は、自社の製品を通して顧客に喜びや楽しみを提供することが重要だ。『ポッキー』のコア・バリューはその意味で貴重なヒントを与えてくれる。

広報部の窪田精一郎氏（以下、窪田）は、「とにかく人がやらないこと、他社ができないことをやる。創意工夫こそ、創業者・江崎利一の信条でした」とも語っている。
同社の70年史のタイトルには「創意工夫」という言葉が入っているが、まさにその実現こそがグリコの遺伝子なのだろう。

●「ポッキーらしさ」を表す、ブランド・コンセプトのキーワード

同社の新製品開発におけるブランド・コンセプトについて、筆者は（図表3－⑥）のようなキーワードで考えている。

少し詳しく説明すると、

①地域限定や期間限定の製品も含めて、それ自体に明確なコア・バリューがあること。
②『つぶつぶいちごポッキー』や『アーモンドクラッシュポッキー』など、ネーミングがブランドそのものを語ること（名は体を表す）。
③持つ所にチョコが付かないなど、他社（他製品）より優れた、しかも追随を許さない独自技術を有すること。
④「ポッキー&プリッツの日」など、常に新鮮な話題を提供すること。

この四つが条件となる。いわばポッキーのこだわりである。

このブランド・コンセプトを大切にしながら、常に製品改良や新製品の開発なども行ってきたからこそ、『ポッキー』シリーズは成功し続けているわけだ。

その一つ、たゆまぬ味の改良ついて、窪田は次のように語っている。

『ポッキー』におけるブランド・コンセプトのキーワード　（写真３－⑥）

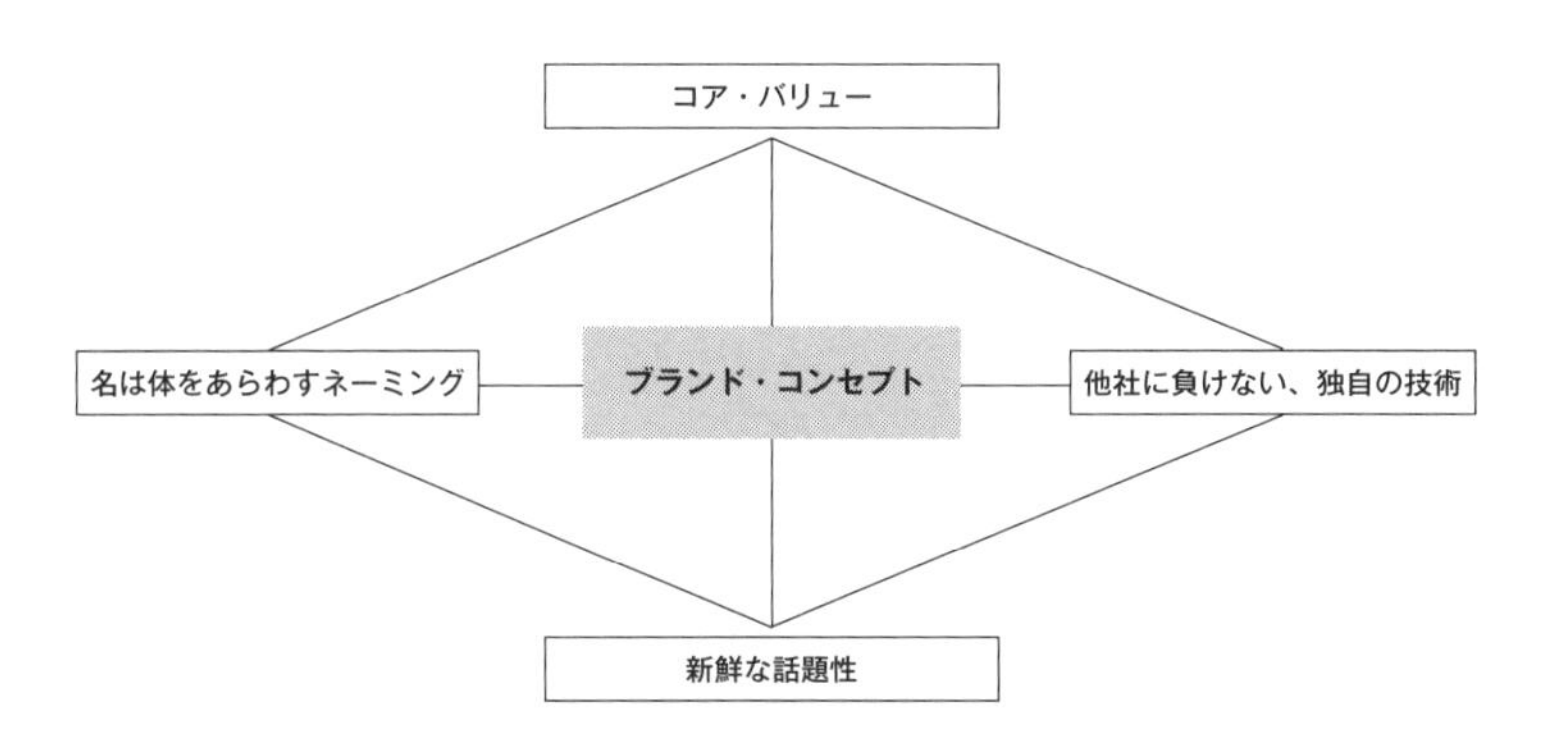

出典：筆者作成

「最近のリニューアルでは、軸に植物油脂をコートして食感を滑らかにし、チョコの口溶け感も向上させました。その上で、あえて味や食感に留まらない提案として『幸せ（ハッピー）を分かちあえるお菓子』という位置づけを明快に打ち出しました」

●地域限定、期間限定、ポッキーのブランド拡張

また、四つのブランド・コンセプトをもとにして、『ポッキー』シリーズにおける時代のニーズを捉えたブランド拡張も行っている。これは『ポッキー』の重要なブランド・マネジメントの一つにもなっている。

消費者調査をもとに、１９７１年に『アーモンドポッキー』、１９７６年に若い女性層

を対象に『いちごポッキー』、1986年には男性層を対象に『ポッキービター』、同年『リトルポッキー』、1989年『アーモンドクラッシュポッキー』、1990年『つぶつぶいちごポッキー』、1991年『マーブルポッキー』と、相次いで『ポッキー』のブランド拡張を行っている。それぞれのネーミングに、『ポッキー』ならではの価値が生かされていることがわかるだろう。

『ポッキー』のブランド拡張はその後も継続し、『みるくポッキー』『ココナッツポッキー』他、2000年記念として期間限定の『レインボーポッキー』なども発売した。さらに、地域限定の神戸ワイン、日向の夏みかん、夕張メロン、信州巨峰などの限定バージョンもブランド拡張戦略の一端を担っている。

また、『ポッキー』のブランド戦略は宣伝展開とも連動している。1993年からの「ポッキー四姉妹物語」では、当時の代表的な四種のポッキーに四人の女性タレントを配置し、ポッキーのトータルイメージの強化と向上、そして四種がカニバリゼーション（競合）して共倒れになるのを回避するという狙いがあった。

ブランド・マネジメントの合言葉は、「鮮度と絆、おもてなし」

●話題性あるイベントで、ブランドの新鮮さをアピール

消費財、中でも雑貨や化粧品などは商品の持つ鮮度を大切にしなければならない。これは、『ポッキー』のように若い世代を対象にした食品も同じだ。新しい商品が注目される菓子市場だからこそ、常に時代を先取りし、新しい情報や話題性を提供することによって鮮度を維持する必要があるわけだ。

平成11年（１９９９年）、11月11日は、数字の1が『ポッキー』と『プリッツ』に似ていることから「ポッキー&プリッツの日」として、日本記念日協会から認定されている。また、２０１３年11月11日11時11分には、北海道大樹町の広場から、全長3・3メートルの「ポッキーロケット」が打ち上げられ、17秒後には宣伝のパラシュートが開くというイベントを行った。

その日のTwitterでは、『ポッキー』を含んだつぶやきが３７１万を超えた。ちなみに、24時間で最もつぶやかれたブランドとしてギネスの世界記録を獲得したという。

こうしたユニークなブランド・コミュニケーションも『ポッキー』ならではの楽しみの

ポッキーロケットの打ち上げ　（写真３－⑦）

出典：江崎グリコ広報部提供

一つであるといえるだろう。こうしたものがブランドの鮮度となり、若い世代に新しい情報を提供し、時代とともに歩んでいく姿勢を示すことにもつながっていく。

最近では新しいマーケティング展開として、「オフィスグリコ」という置き菓子の販売システムをつくり上げた。昔の富山の薬売りのように、家庭やオフィスに売薬の置き薬を行う販売システムは存在するが、それと同じことを菓子で始めたのである。

そのラインナップの中には、もちろん『ポッキー』もある。『ポッキー』の食の機会、つまり様々な場面で買い求めることができるチャンスをオフィスにも広げ、『ポッキー』ブランドの浸透・定着を試みている。

●郷愁を誘う、「夢・快適・面白さ」を提供するポッキー

企業は、商品の魅力をブランド・メッセージに託し、広告・宣伝・広報活動などを通じて顧客に伝えることが大切である。それによってブランド・イメージが形成されるからだ。たとえば、２０１２年に外装を赤とピンクのかわいいパッケージにした『いちごポッキー』は、小学生の女子に人気がある。最近は小腹がすいた時にちょうどいいと、甘いもの好きのスイーツ男子にも買われるそうだ。

人間はいろいろな経験をするが、ある体験を思い出させて郷愁を誘うのはブランドが持つ連想機能の一つである。『ポッキー』のように、一つの商品によって消費者が子供の頃を思い出し、「夢・快適・面白い」イメージや体験につなげていけるとしたら、それがブランドと消費者の「絆」となる。幼い頃に『ポッキー』を好んで食べた消費者との関係を大事に考え、大人になっても食べ続けてもらう、あるいは戻ってきてもらうための努力を忘れない。そうした会社の姿勢がさらに消費者との「絆」を深めることにもつながるのである。

食品産業は、時代とともに消費者の嗜好に合わせてその味を変化させるが、基本的な味

は大きく変えるべきではない。老舗メーカーの食品で、たまに「最近、味が落ちたね」という声を聞くが、それは発売当時のコンセプトを忘れ、原材料の変更、手づくりから大量生産への切り替えなど、当初のこだわりを捨てた結果であることが多い。

グリコの場合は、『ポッキー』のイメージを代表する赤箱をルーツとして、製品のリフレッシュやブランド拡張、さらには新鮮な話題性の追求などは行うが、基本となる味については常に原点回帰を念頭に置いているという。そうしたこだわりの姿勢が消費者からいつまでも支持される要因といえるだろう。

●『ポッキー』の「おもてなしキャンペーン」

続いて、広告・宣伝に関するブランド・マネジメントも、『ポッキー』のイメージ形成に大きな役割を果たしている。その一つが、様々な場面で展開される宣伝広告による「おもてなしキャンペーン」である。

たとえば、「ポッキー・オン・ザ・ロック」キャンペーンをご記憶だろうか。これは、ホームパーティーの際、ジュースなどのソフトドリンクの氷をかき混ぜるのにポッキーを使用することを提案した広告である。だが、実際にはクラブやスナックで、水割りなど洋酒のマドラー代わりに使われた。そして、ひんやりと冷えたポッキーが酒場のおつまみとして普及するという予想外の展開となり、一気に大人の男女からの新しい需要を開拓することにつながった。

また、１９８０年からの「旅にポッキー」キャンペーンでは、折からの旅行ブームに乗り、アンノン族（１９７０年代中頃から１９８０年代にかけて流行した、『an·an』や『non-no』などのファッション雑誌を片手に、一人あるいは少人数で国内を旅行する女性たちのこと）のファッションとして、若い女性層の開拓に結びついた。

特に１９８１年の同キャンペーンは国鉄（現・ＪＲ）とタイアップし、松田聖子をモデルに「いい日旅立ち」キャンペーンを展開、これが『ポッキー』のイメージアップにつながった。

食文化における新しい用途開発提案を行った一連の斬新なキャンペーンは、男性、若い女性、ニューファミリー層など、『ポッキー』新規顧客層の開拓に大きな力を発揮したのである。

●グローバルな海外戦略

日本だけでなく、アジア、ヨーロッパ、米国など、『ポッキー』は海外でも人気がある。

特にヨーロッパでは「MIKADO（ミカド）」のネーミングで有名だ。MIKADOという、細い竹の棒を使うおみくじのようなゲームがあり、形が似ていることからその名が由来となったといわれている。

インドネシアでも、現地で人気のアイドルグループJKT48（ジャカルタ48）を起用して広告戦略を展開した。

同時に、『Pocky』のロゴ入りTシャツを着た営業部隊が宣伝バイクで街中を走り回り、一方では『ポッキー』をイメージさせる真っ赤なワゴン車を校庭の隅に停めて、生徒たちに商品を無料で配るキャンペーンを展開。子供たちのTwitterでの「つぶやき」によって、『ポッキー』の現地での知名度は一気に広がった。

他にも、中国でSNH48（上海48）を起用するなど、インターナショナルなブランドとしても、『ポッキー』の今後のグローバル・ブランド戦略が楽しみである。

その意味からも、常にブランドの新鮮さを求めて、飽くなき探究心と問題意識を持ち続け、商品や宣伝、さらには生産設備も併せて、改善・改良を続けていくことが必要になるだろう。

『ポッキー』の誕生から50年、ロングセラー・ブランドとして今なお大ヒットしている要因には、こうしたブランド戦略がうまく機能していることが大きい。

新しい食の文化で顧客満足を生み出す生活提案力

世界中の人々に「食べる」喜びや楽しさを提供

●いつでもどこでも食べられる『カップヌードル』

これまで述べたように、ブランドは、バッグや車、時計など、高級な商品にしかあり得ないのか、というとそうではない。菓子や飲料、食品など、消費者に身近な商品やサービスにも、長い間親しまれてきたロングセラーのグローバル・ブランドが存在する。

その一つに、世界中に食のブランドを展開する日本企業がある。

１９７１年に日本で誕生し、２０１６年で45周年を迎えるのが、日清食品の『カップ

『チキンラーメン』と『カップヌードル』　（写真3－⑧）

出典：日清食品提供

ヌードル』だ。20世紀最大級のヒット商品といわれ、世界80カ国以上で販売されている有名ブランドである。発売以来、世界各国で食べられた『カップヌードル』の合計は400億食以上にも上るという。

インスタントラーメンの歴史は、日本の高度成長時代の象徴ともいえる日清食品の『チキンラーメン』から始まる。

1958年8月25日、大阪府池田市にある、創業者・安藤百福（ももふく）（以下、安藤）の自宅裏庭にある研究小屋で『チキンラーメン』は産声を上げた。「丼と箸さえあればいつでも食べられる」という魔法のラーメンとして、マーケティングの歴史に刻まれるほど画期的な商品であった。その『チキンラーメン』の発売から13年後の１９７１年9月18日、世界初の即席カップ麺『カップヌードル』が誕生する。

『チキンラーメン』は「いつでも食べられる」をコンセプトに開発されたが、『カップヌードル』はお湯さえあれば「いつでもどこでも食べられる」。『チキンラーメン』で培ったコア・バリューを生かし、その斬新なアイデアをもとに開発された。

つまり、簡単で便利なインスタントラーメンをさらに便利にしたのが即席カップ麺である。この『カップヌードル』開発の背景には、たゆまぬ研究心と発想の広がりがあった。

創業者の安藤は「味に国境はなく、おいしさは思想・信条を超えて広がる」との信念を抱き、インスタントラーメンの海外進出を志した。そこで１９６６年6月、まずは米国へ視察に出かけたのである。

現地でスーパーマーケットのバイヤーと『チキンラーメン』の商談をしていると、バイヤーが『チキンラーメン』をいきなり手で小さく割った。そして、手元にあった紙コップに入れて、ポットからお湯を注ぎ、フォークで試食し始めたのである。

その光景を目の当たりにして安藤は、丼と箸ではなく、紙コップとフォークという食習慣の違いに驚愕した。しかし、そこで終わらないのが安藤だ。次の瞬間には『チキンラーメン』の開発コンセプトである「丼と箸さえあればいつでも食べられる」は米国では通用しないことを悟り、米国の文化に合わせた「紙コップとフォーク」のスタイルに着想を得たのである。

顧客の創造とイノベーション

経営学者のピーター・ドラッカーは、1954年に著書『現代の経営』で「事業目的は顧客の創造であり、そのための企業の基本的機能はマーケティングとイノベーション」と述べている。(※11)

『チキンラーメン』から『カップヌードル』の開発に至る安藤の発想の転換こそ、顧客の創造にふさわしい。インスタントラーメンを世界中に広げていくために、数々の新しい着想を生み出し、『カップヌードル』に結びつけていった。

たとえば、紙コップも形状としてはヒントになっても、そのままの紙素材では熱伝導が良すぎて、手で持つには熱すぎた。「必要は発明の母」といわれるが、そこでイノベーショ

事業目的は「顧客の創造」　（図表３－⑨）

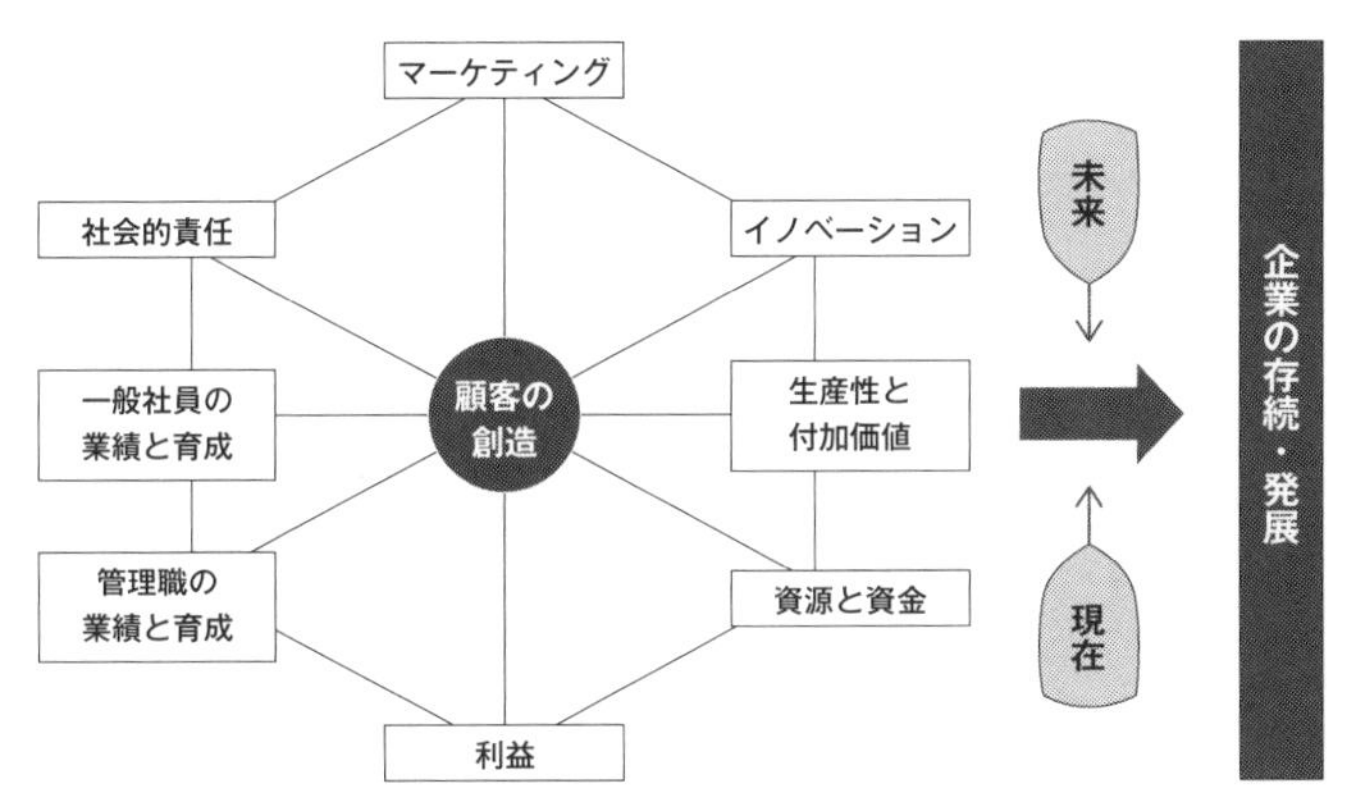

出典：ピーター・ドラッカー著『現代の経営』に基づき、筆者作成

ンが必要となり、紙コップに変わる発泡スチロールの容器が採用されたのである。

丼の形にすれば、ふたのふちと底のふちの部分を持つことができるので、さほど熱くはならず、紙素材でよかったかもしれない。しかし、丼容器は片手でコップのように簡単に持ち上げることはできない。『カップヌードル』の手軽さは、片手で簡単に持つことができることにある。そこを譲ることはできなかった。

こうしたところに製品パッケージに対する安藤のこだわりを読み取ることができるだろう。

また、麺を縦長のカップにどのように封入

するかも難題であった。麺の塊を油で揚げてフライ麺とする場合、縦長の形状では難しい。そこで型枠を工夫し、上が密で下が疎という湯戻りのよい形に麺を揚げることに成功した。さらに、そのフライ麺をカップの中で宙吊りにすることで、湯を入れた時に麺がほぐれるのに必要な空間を確保した。そうすることで、カップ自体を補強することにもつながった。

安藤は、こうした数々の特長を特許や実用新案などの知的財産権として申請を行い、他社の追随を許さなかった。これもマーケティング戦略上では大きな成功要因となった。その背景には、『チキンラーメン』を発売した時、その特長をまねた粗悪品が市場に出回り、苦労したという苦い体験があったからだ。こうして誕生した『カップヌードル』は、「即席食品の極致」との評価を得て、若者の間でも大人気となった。その陰には徹底した新しいマーケティング戦略の展開があった。

1971年11月、銀座の歩行者天国において、「お湯さえあればいつでもどこでも」をキャッチフレーズに、『カップヌードル』の仮設売り場を設置した。もの珍しさから黒山の人だかりとなり、多い日には1日2万食を販売するほどの大人気となった。

『カップヌードル』をプラスティックのフォークで食べながら銀座の歩行者天国を楽しむ若者の姿は、商品の新しく明るいイメージ像をつくり上げる上で大きな効果を上げた。

●ブランド拡張で多様な消費者ニーズへの対応

消費者のニーズや趣味・嗜好、価値観などは時代とともに変化する。一つのブランドであっても基幹となるコンセプトはこだわりをもって変化させない場合もある。たとえば食品であれば味や風味は（薄味の塩加減をすこし変えるなど）、その時代に合わせて変化させる場合が多い。時代だけではない。世界の国や地域によっても味やタイプは異なる。『カップヌードル』も（図表３－⑩）のように、文化や風習等により多種多彩だ。

『カップヌードル』も多少のマイナーチェンジは時代とともにあると聞くが、大きなブランド・バリエーションは、味とサイズ、最近では中身（パスタ、ごはんなど）の多方面から展開している。現在は、しょうゆ味にペッパーをきかせたレギュラー商品を中心として、カレー味、シーフードなどの様々なメニューの開発を行っている。一方ではキング、ビッグ、ミニサイズなどの容量のバリエーションも展開し、ライト、パスタ、ごはんなども含めて２０１６年4月時点では37のアイテムがある。

世界の『カップヌードル』、その味やタイプの特色　（図表3－⑩）

米国	チキンの他、エビ、ビーフ、ベジタブルと味は豊富。箸を使う文化のない米国では、フォークで食べやすいように麺を短くしている。
メキシコ	サルサソースが別添で付いたものが人気。フレーバーとしてはエビ、ビーフ、チキン、チーズなどいろいろな種類がある。
ブラジル	日本に比べて塩味の濃いものが好まれる。スープのないタイプのインスタントラーメンが主流で、チキン、チーズ、ベーコンなどの味が人気。また、クリーミータイプも好評。
ドイツ	麺をすする習慣がないため、食べやすさを考え、麺の長さは日本の半分。チキン、トマト、スパイシー味などがある。
上海	海鮮味や中国特有の香辛料「五香」を使用したフレーバーが人気。レンジ調理も可能な発泡紙カップを使用。
香港	チキン、牛肉、エビなど多くのフレーバーがある。中でも海鮮味が最も人気。
インド	マサラ味（カレー）が人気。少量のスープを絡めて食べるタイプが主流。ベジタリアンでも安心して食べられるベジタリアン仕様の商品。
タイ	世界三大スープの一つであるトムヤムクン味が人気。ハーブと唐辛子、レモングラスで特徴を付けた酸味と辛味が絶妙な味わい。
フィリピン	食事は1回当たりのボリュームが少なく、かつ多回数食べる習慣があるため、ミニサイズが主流。シーフード、ビーフ、チキン味の他、甘口のポーク味や牛骨味が人気。
シンガポール	チキン味の他、甘くて辛いシンガポールの名物料理「チリクラブ味」も人気。
インドネシア	すべての商品がイスラム教徒でも安心して食べられる、ハラール登録商品。

出典：日清食品提供の資料をもとに筆者作成（特徴的なものに絞り掲載）

特に味についてはその時代に合った味覚があることから、特別限定バージョンの開発も行い、消費者の多様なニーズに対応させている。近年ではシーズンメニューも開発し、ＩＣＥカップヌードルなど、食べ方の提案で斬新なブランド・イメージを作り上げている。カップヌードルの誕生は、日本だけでなく世界中の食生活を大きく変化させた。食文化に貢献し、商品開発、イメージ戦略、流通戦略、ブランド・バリエーションなど、消費財のブランド・コミュニケーション戦略を考える上で貴重なヒントをマーケティングの世界に提供してくれる。

イノベーションに必要なことは、問題意識である。偶然とか運がいいというのは問題意識がない人間からは生まれない。アメリカのバイヤーから紙コップのヒントを得て、飛行機の中でもらったマカデミアナッツの容器からアルミと紙を貼り合わせたフタが生まれた。「寝る時もメモと鉛筆を枕もとに用意する」ほどの意識が、偶然をも呼び起こすのだ。常に改革を求めて、あくなき探究心と問題意識を持ち続けることが、マーケティングやブランド構築に重要なことは言うまでもない。

顧客の喜び（CS）を目指すホスピタリティ

顧客からの要望には「常に前向きに」

●今、求められるおもてなしの精神

顧客満足を目指すマーケティング力のもう一つの重要な要件として、接客におけるホスピタリティがある。日本語でいえば「おもてなし」という言葉になる。ホスピタリティは、ラテン語のホスペス（hospes：客人の保護者）から由来し、心のこもった歓待、あるいは喜びと感動の共有というような意味だ。

この言葉は、「相手に喜びを与えるために自己のベストを尽くす」ことを指し、相手からその見返りや報酬を要求するものではない。したがって、ホスピタリティにおいて重視されるのは、やさしさや人間性、相手に対する献身的なサービスなどである。

先に述べたように、このホスピタリティと同じ意味を持つ言葉が、日本語の「おもてなし」である。そもそも、日本古来のおもてなしの「もてなし」とは、「客に対する扱い」

や「客に出すご馳走」の他に、「人や物事に対する振る舞い方。態度。挙動」という意味がある（『大辞林』より）。

それに「お」をつけて丁寧に言っていることでもわかるように、お客に対する最上の扱いやごちそう、そして最高の振る舞い、態度、挙動ということになる。

また、この言葉には、人の目が届かない部分におもてなしがあるとする考えもある。相手の立場に立って、さりげなく、そしてつつましく人を思いやる心。これ見よがしの歓待とは似て非なるものである。

消費者が賢くなったといわれる今日、当たり前のサービスでは人は感動しない。期待を超える以上の感動や感激を体験した時に「おもてなし」が生まれるのだ。

顧客をもてなし、従業員をもてなし、そして地域社会をもてなす、これが三方よしのおもてなしだ。超高齢社会を迎えて、様々な所でビジネスの構造が変化していることにも目を向けたいものである。

ちょっとしたところにきめ細やかなサービスが行われることが顧客満足につながる。結果として、顧客から感謝され、顧客満足を実践する愛される組織となっていくわけだ、本節では、そのおもてなしに焦点を当てて考えてみたい。

●クレドが「感性の羅針盤」

ホスピタリティについては、1983年に米国のジョージア州アトランタに誕生した、ザ・リッツ・カールトン・ホテル・カンパニーに学ぶことが多い。

六本木の防衛庁跡に建設され、六本木ヒルズとともに東京の名所として知られる東京ミッドタウン。その中にある「ザ・リッツ・カールトン東京」は、「記念日を大切な方と過ごす場所」を謳い、東京でも最高級クラスのホテルとして知られている。

CS（顧客満足度）に関する調査を実施する、J・D・パワー アジア・パシフィックのデータがそのことを証明している。同社の2015年に発表した調査結果で、宿泊客のCSは、高級ホテルランクでは同ホテルが10年連続ナンバーワンとなっているほどだ。

ザ・リッツ・カールトン（以下、リッツ・カールトン）を展開するザ・リッツ・カールトン・ホテル・カンパニーは、今日まで30数年間で「世界のホテル地図を塗り替えた」といわれるほどの大躍進を遂げた。その成長を支えたのが先に述べた「ホスピタリティ」だ。他にはない最高のホスピタリティを実践してきたことで、その成功を手にしてきた。

リッツ・カールトンの「ゴールド・スタンダード」は、「クレド」「サービスの3ステップ」

リッツ・カールトンの「ゴールド・スタンダード」　（写真３－⑪）

出典：ザ・リッツ・カールトン東京のホームページより

「モットー」「サービスバリューズ」「従業員への約束」からなる、このホテルの価値観そのものだ。

同ホテルの従業員は、1984年に策定された、「クレド・カード」というカードを常に携行することが求められている。クレドとは、信条・理念といった意味なのだが、そのカードにはリッツ・カールトンの「クレド（信条）」が次のように記されている。

「リッツ・カールトンはお客様への心のこもったおもてなしと快適さを提供することをもっとも大切な使命とこころえています。

私たちは、お客様に心あたたまる、くつろいだそして洗練された雰囲気を常にお楽しみいただくために最高のパーソナル・サービスと施設を提供することをお約束します。

リッツ・カールトンでお客様が経験されるもの、それは感覚を満たすここちよさ、満ち足りた幸福感そしてお客様が言葉にされない願望やニーズをも先読みしておこたえするサービスの心です」

●クレドの実践は、ハートとセンス

従業員がこのクレド・カードをただ所持しているだけで、顧客の満足が得られるわけではない。顧客が心温まる雰囲気を楽しみ、満ち足りた幸福感を味わうためには、それを従業員が実践することが大切だ。それができているからこそ、リッツ・カールトンは世界のホテル地図を塗り替えることができたのである。

とはいえ、もう一度、前記のクレドの文章を読み返してもらえばわかることだが、具体的に「こうしろ」という指示はない。マニュアルではなく、あくまでも「信条」であり、従業員としての「心構え」が書いてあるだけである。したがって、これを具体的に実践していくのは、従業員の「ハート」であり、「センス」ということになる。

その具体的な事例の一つを、『リッツ・カールトンが大切にするサービスを超える瞬間』では次のように紹介している。

「あるお客から、『彼女に今夜プロポーズしたいので、砂浜のビーチチェアをひとつ残しておいてほしい』とビーチ係が頼まれた。彼は、ビーチチェアをひとつ残しておいたのはもちろんのこと（ここまでは誰でもできる）、そのほかに彼がとった行動が感動的だ。彼は、椅子以外にビーチテーブルを用意し、その前においた。机の上には、真っ白なテーブルクロスとお花、シャンパンを添えて……。しかも、プロポーズの際にひざまずいて男性のひさが砂で汚れないようタオルまで畳んでしいたのだ。またそのスタッフはタキシードに着替えて、手には白いクロスをかけ、カップルがくるのを待っていたという[※12]」

顧客が頼んだのは、ビーチチェアを一つ残しておく、ということだけだ。しかし、それを依頼された従業員は、テーブルに、テーブルクロス、花、シャンパンを用意し、自らも演出の道具となって準備を整えた。もちろん、それは、プロポーズのための最高の場を演出するためである。

プロポーズを受けた女性は最高に感動したが、それよりも、もっと感動したのは、男性のほうである。自分の一言から最高の演出をしてくれたホテルを、彼は生涯にわたり決して忘れないだろう。そんなプロポーズを受けた場所として、彼女の記憶からも消えることはないだろう。二人にとって、人生の「記念の場所」となったはずだ。

●紳士淑女のお客様、仕える私たちも紳士淑女

こうした感動を顧客に与えられたのは、リッツ・カールトンの従業員がクレドを理解し、それを守るために気配りと実践を忘れなかったからにほかならない。

・お客様が言葉にされない願望を先読みして満たすためのチームワークとはどういうものか。
・従業員が誇りと喜びを持てる職場環境とはなにか。
・どうすればお客様に感動を与えられるのか。

全従業員が常にこれらを考えながら行動しているのである。

リッツ・カールトンでは、「紳士淑女であるお客様」に仕える従業員もまた「内部顧客」

として紳士淑女と呼ばれ、従業員相互に同じ目線でお互いを理解し合い、心から尊敬し合っているという。

当然、その背景にクレド・カードの存在がある。クレド・カードに大きな文字で書かれた次の言葉がそのことを物語っている。

「We are Ladies and Gentlemen serving Ladies and Gentlemen（私たちは紳士淑女に仕える〝紳士淑女〟です）」

最初の紳士淑女はお客様、そしてあとに出てくる紳士淑女は自分たち従業員ということだ。

クレド・カードは時流や地域性に左右されるものではなく、すべての従業員が顧客の喜びを目指して顧客満足活動に取り組むための「感性の羅針盤」とまでいわれている。そこには、リッツ・カールトンの理念や使命、サービス哲学を凝縮した普遍の価値観が書かれているのだ。

その原点には、トップをはじめとしたすべてのリーダーが従業員を大切にする、サーバント・リーダーシップの精神がある。組織のエンパワーメント（賦活）といわれる「活力を高める」活動だ。

●「紳士淑女」の従業員は「人財」である

このことは、次の二つのメッセージからも理解することができる。

・ホスピタリティの源泉は、「従業員への約束」
・「紳士淑女」の従業員は「人財」

2015年11月、六本木の東京ミッドタウンにあるザ・リッツ・カールトン東京の人材開発部長に取材した折、従業員通用口のドアの上に以下のようなメッセージが書かれていたのを見せていただいた。英語で書かれていたので、そのまま引用すると、「Through this door enter our most important guests（このドアを通る人が、私たちのもっとも大切なお客様）」とある。

従業員通用口のドアを通過した従業員は、このメッセージを見て、会社が紳士淑女として自分たち従業員を大切にしてくれていると喜びを感じ、自分たちも顧客にホスピタリティを提供しなければという思いになるらしい。会社が従業員にホスピタリティの実践を伝えることで、彼ら・彼女らをその気にさせる仕組みだ。

筆者は、フロリダにあるザ・リッツ・カールトン・アメリア・アイランドにも同じようにこのメッセージがあることを知っていたが、実際に取材して、全世界のリッツ・カールトン全体で大切にしていることを肌で感じることができた。

顧客満足保証で生涯顧客をつくる

●神話になったサービス

すでに述べたとおり、いつの時代にも顧客があってこそ会社は成り立つ。そのことを考えれば、顧客満足は最優先すべき理念であり、そのためには会社の活動が顧客を支える理念で守られていることが重要となる。

たとえば、顧客満足保証（Guaranteed Satisfaction：ギャランティード・サティスファクション。以下、ＧＳ）という考え方もその一つである。

これは、米国のシアトルで１９０１年に靴屋からスタートした、ノードストローム百貨店で一躍有名になったサービスで、いわゆる無条件の返品交換制度のことを指す。販売した商品に不満があればいつでも無条件で返品交換に応じて、顧客満足を保証する活動だ。たとえば、左右の足のサイズが異なる場合、顧客満足を最優先して、一足ずつ左右のサイズが違う靴を販売する、といったことである。

ノードストロームのポリシーは、「ベストな品質をベストな価格で」「お客様が満足することならば何でも実行する」「できる限りのサイズを揃える」の三つである。このノードストロームのGS活動は、「神話となったサービス」として有名だ。

先の靴の販売からもわかるように、ノードストロームは、顧客サービスを徹底的に重視している。そして、そのような顧客満足を重視する気持ちが、現場の従業員にまで浸透している。それは、顧客からの申し出に対して、その判断を即座にできるまで従業員に権限委譲ができていると言い換えることもできるだろう。つまり、ノードストロームでは「現場力」が培われているのだ。

購入時点では満足度が高かったのに、実際に使用する場面で満足が得られない。そんな場合、ノードストロームでは、不満が生じるのは顧客の責任ではなく販売側の責任であり、購入時点の販売において顧客満足が得られなかったと解釈をするのである。

ただし、誤解してはいけない。「購入後に顧客不満足が生じるのは仕方がない」という前提で接客やサービスが行われるわけではない。あくまでも、販売する時点で最大限の顧客満足を得るよう努力し、それにもかかわらず顧客不満足が生じた場合には、気持ちよく返品・交換に応じるということなのである。

●顧客満足のサーバント・リーダーシップ

ノードストロームでは１９７１年、顧客満足を企業理念として、（図表３－⑫）のような逆ピラミッドによって会社の理念を示した。まさに同社のシンボルともいえるものだ。

この理念は、第2章で説明したサーバント・リーダーシップの概念を、顧客満足に応用したものだ。他者を支援するという「他者」とは、会社の中では部下や仲間たちであり、会社の外では顧客の満足を目指すという意味に通じる。

（図表３－⑫）を見ていただくとわかるように、常に顧客が最高の位置にあり、顧客満足を実践する従業員が顧客を支援する形になっている。「部門マネージャ」「店舗マネージャ」、そして一番下には「取締役会」がいて、段階的に支援するという逆ピラミッドに

顧客満足のサーバント・リーダーシップ　（図表３－⑫）

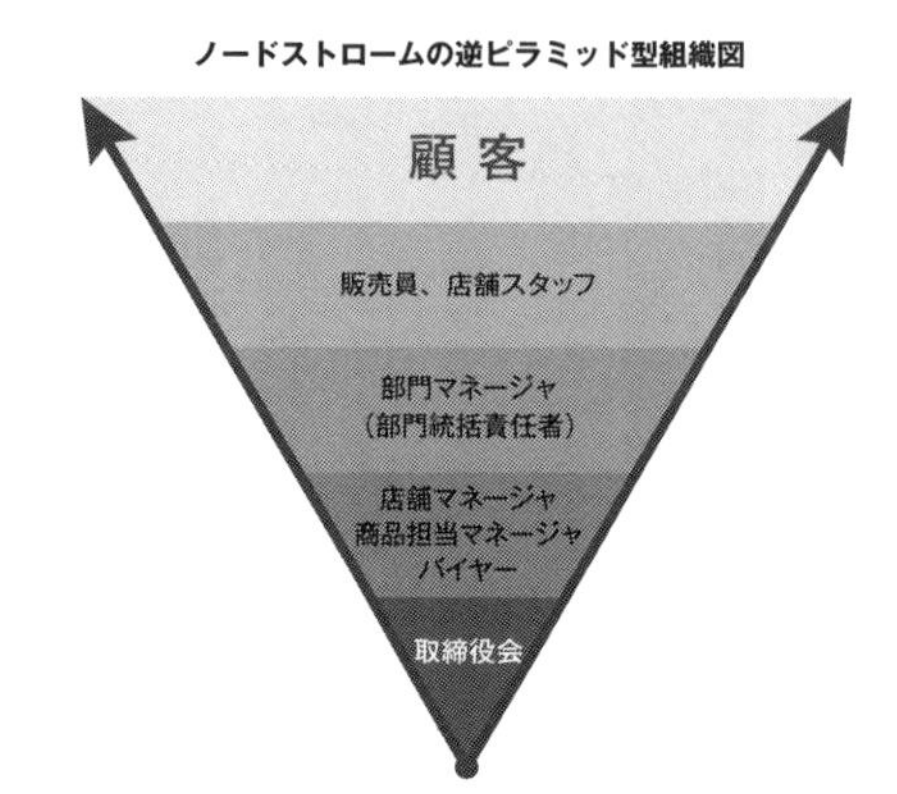

出典：ベッツィ・サンダース著、和田 正春訳『サービスが伝説になる時』ダイヤモンド社、1996年

なっている。

徹底的に顧客支援のリーダーシップ体制が築かれていることが、これからもわかるのではないだろうか。フィリップ・コトラーも、伝統的な組織と対比して、このノードストロームの逆ピラミッド組織は、現在の顧客満足を目指す会社組織のあり方として理想的、と指摘しているほどだ。

「顧客満足」重視の考えが企業理念にしっかり盛り込まれていることが、一生涯かけて固定客になるという「生涯顧客」を創造し、会社の持続可能な発展に結びつくのである。

ノードストロームの顧客満足を重視する姿勢は、店内環境にもよく表れている。快適な雰囲気の店内で買い物をしてほしいという

ピアノの生演奏が行われる　（写真３－⑬）
ノードストローム店内（コロラド州デンバー）

出典：筆者撮影

「おもてなし」の精神だ。

百貨店の中でピアノの生演奏を行っているのもその例で、米国本土だけではなく、ハワイやグアムでも同じことをやっている。

常に顧客満足のことを考える。ノードストロームでは、顧客からなにか要望があれば、全員がまず「わかりました。考えます」と言う。決して「ノー」とは言わない。これが有名になった「ノーと言わない百貨店」の由来なのである。

●世界中、無料でお届けします

実際にあった話だが、私の友人が８月にノードストロームでシステム手帳を購入した。その時に一言、「もう８カ月過ぎているので……」と話したところ、その言葉に、ノードストロームの従業員が次のように反応した。

「そうですね。お客様、8カ月過ぎた手帳をお買い求めいただくのは、誠に申し訳ありません。こちらにご住所とお名前を書いていただけますか。間もなく来年の手帳のレフィル（新しいスケジュール用紙）ができますから、納品され次第お届けします」

「でも私、日本から来ていますので……」

「結構です。世界中のどちらでも結構です。無料でお届けしますから……」

彼は半信半疑で住所を書いて日本に帰国した。2カ月後、ノードストロームから小包が届いた。中を開いてみると、来年分のレフィルが入っていて、メッセージが同封されていた。

「先日は、私どもで手帳をお買い求めいただいてありがとうございました。私たちがお売りしたのは、単なる紙ではありません。手帳のスケジュールの機能をお買い求めいただいたと考えました。そのスケジュールの機能が、8カ月過ぎてしまったということは、大変申し訳ないことです。新しい手帳のレフィルができ上がりましたので、お送りさせていただきました。どうぞお使いください」

●販売員の判断基準は、「なにが顧客満足につながるか」

この話に筆者は感動し、いつか機会があればノードストロームのサービスを体験したいと考えた。数年後、コロラド州のデンバーに、山小屋風のノードストローム百貨店がオープンしたと聞き、アーカンソー州での仕事の折に、立ち寄ってみた。

スーパーマーケットやショッピングセンターなどもあり、中に入ると迷子になるほどの巨大モールである。ようやくノードストロームに入り、トイレの場所を尋ねたところ、販売員が「申しわけありません、お客様。ちょっと遠いので、どうぞご案内します」と言って、かなり遠かったのだがわざわざ案内してくれたのだ。

日本の百貨店で、「トイレどこですか」と尋ねると、「そこに非常階段の案内が出ています。そこを右に曲がって、突き当たりを左に行って、また右に曲がっていただいたらトイレの入り口のサインがありますから」などと言われることがほとんどだろう。なかなかわかりにくいのが現実だ。

だが、ノードストロームの販売員は売り場を離れてその場所まで同行してくれる。なにをすれば顧客満足につながるか。常にそのことを考えるのがノードストローム百貨店だということが実感できたエピソードである。

顧客満足を前提として、サーバント・リーダーシップの実践により権限移譲がなされる。そのことが迅速かつ、素晴らしいサービスを生むのだ。

なにかあるたびに「ちょっと待ってください、上司に聞いてきますから……」という言葉を販売員やサービス業のスタッフから聞くことが少なくない。現場の人間が自分で判断し、実行する権限を持つか持たないかでも、その対応は大きく変わってくるのだろう。

ノードストロームの判断基準「なにが顧客満足につながるか」は、小売り・サービスなど接客に携わる業種、さらにはビジネス全般にも重要なポイントであり、今後のバイブルにしたいものだ。

ノーと言わない行政、「すぐやる課」

顧客の要望に応えることが最善のサービスになるというのは、営利会社に限った話ではない。市民を顧客として考え、市民の満足を目指して取り組んだ行政の活動を紹介したい。

千葉県松戸市では、１９６９年に市長が「すぐやる課」を設置して話題になった。その

松戸市役所の「すぐやる課」　（写真３－⑭）

出典：筆者撮影

市長こそ、あのドラッグストア「マツモトキヨシ」の創始者、松本清氏（以下、松本）である。創業者の名前そのものが店名になったことでも有名な店だ。

すぐやる課ができたのには、当時の時代背景も大いに関係している。

その昔、公務員は「休まず、遅れず、働かず」がよい職員と揶揄された時代があった。今でも夕方5時の定時にはきちっと窓口を閉めてしまうお役所が多いが、多くの会社では考えられないことである（ワーク・ライフ・バランスの精神からすれば、これが本当なのだが……）。

ある窓口では市民が列をなして混雑しているのに、隣の窓口の担当者は「知らぬ、存ぜぬ、おかまいなし」という光景もよく見られた。これは役所に限らず、今でも銀行などはそう変わらない。「それは、私の仕事ではありません」という言葉そのものの対応だ。

当時の松戸市役所でも、同じような風潮があったらしい。そうした状況に業を煮やしていた松本が、市民へのサービスとして「市役所は、市民に役立つ所、市民にとって役に立つ人がいる所」という考えのもとでつくったのが「すぐやる課」なのである。

市役所としては日本初の「クイックレスポンス（素早い対応）」部門の誕生だ。

この課の基本的なポリシーは、「何でも相談に乗る、ノーと言わないこと」だったそうだ。公務員には、公僕という言葉がある。公務員は市民に奉仕をすることが最大の仕事であり、義務であるという意味だ。彼らの給料は市民の税金から出ているということも背景にあるだろう。

そう考えると、役所にとってサービスすべきは市民であり、決して自分の上司ではないはずだ。一般企業でいえば、市役所の顧客は市民である。市民のニーズに応え、喜びを目指すことができれば、市民の満足につながり、素晴らしい市役所として市民から愛されることにもつながるだろう。すぐやる課の発想は、歴史は古いが、今でも十分に活用できるものである。

情けは人のためならず

すぐやる課のサーバント・リーダーシップは、市民の立場に立った心温まるおもてなしである。相手の立場に立ったおもてなしの活動ができれば、最終的には顧客から感謝され、その組織が高い評価を受けることにつながってくる。

市役所であれば、市民から愛され、親しまれる組織になること請け合いだ。そうなれば、行政がなにか新しい活動を始める時、市民は反対運動どころか、その活動を支援してくれるサポーターになってくれるのではないだろうか。少なくとも、その意図くらいはきちんと聞いてくれるはずだ。

情けは人のためならずという言葉があるように、どんな行動も、最終的には巡り巡って我が身の評価に結びつく。日頃の行政活動がサーバント・リーダーシップの精神を持っていれば、市民もそれに応えてくれる可能性が高まるということである。

このように、企業や行政など多くの組織において、顧客の満足を追求する活動が行われている。今回紹介したおもてなしの活動はほんの一例に過ぎない。

インターネットビジネスやメールによるコミュニケーションなど、接客やサービスのあり方が変化してきた今日だからこそ、こうしたおもてなしが顧客の心に感動を与えるのである。

おもてなしが顧客満足を生み出し、組織に対する高いレピュテーション（評価）につながるといっても過言ではないだろう。

皆にやさしいユニバーサル・デザイン

普遍的価値の追求、ユニバーサル・デザイン

●使用の便利、安全・安心

超高齢社会といわれる今の日本。高齢者が総人口に占める割合を見ると、１９５０年には４・９％であったが、２０１５年10月時点では26・７％となり、約四人に一人強が高齢

者となっている。しかもこの傾向は日本だけでなく、世界の先進諸国に共通している。

一方、高齢者だけでなく、障害者や女性、子供も含めて、皆が安全で安心して気軽に使える商品が求められている。利用する駅にエスカレーターやエレベーターがなく、足をけがした時に階段がつらい、あるいは2リットルのペットボトルが大きく重すぎて簡単に持てないというような経験は誰しもあるだろう。

これからの時代の商品は、高齢者や女性、子供、そして障害者も含め、誰もが簡単に使える商品の開発を通して、より多くの人たちの顧客満足を目指すことが必要となる。いわゆる万人が安心して使える「ユニバーサル・デザイン（共用のデザイン：以下、ＵＤ）」という考え方が、企業の商品開発で重要なテーマの一つになってきた。

これは今の時代背景を捉えた普遍的な概念で、企業と社会の持続可能な発展を支える開発アイデアの一つともいえるものだ。

●バリアフリーからＵＤへ

そもそもＵＤという概念は、米国の研究者であり、ユニバーサル・デザイン・センター

バリアフリーからUDへ　（図表3－⑮）

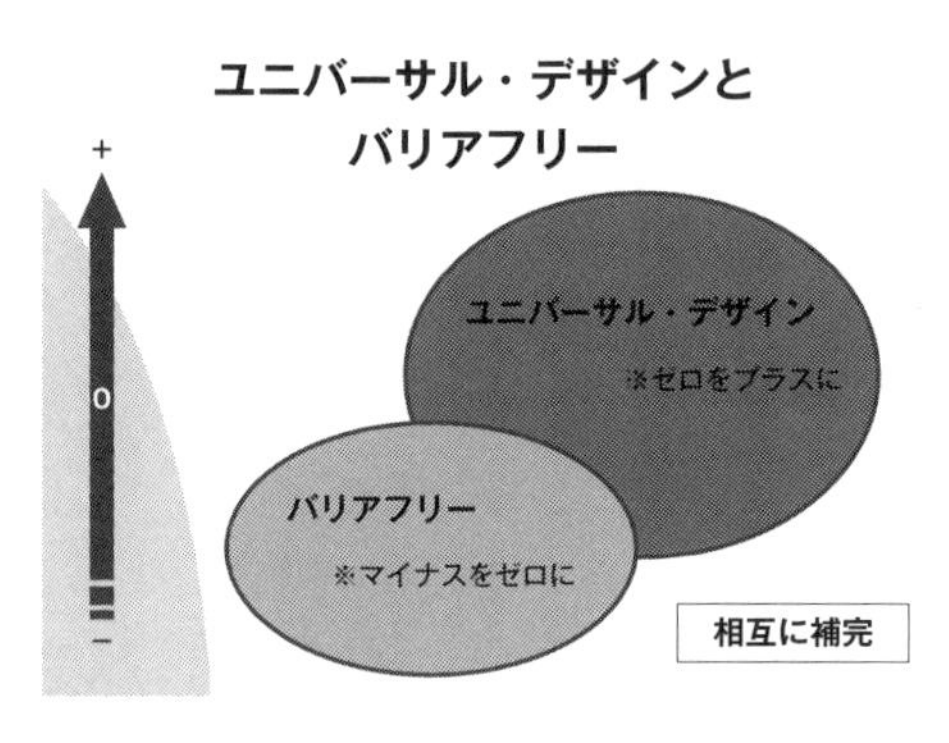

現在のユニバーサル・デザインは、障害や障壁など消費者にとってのマイナスとなる価値をゼロにする「バリアフリー」のコンセプトだけでない。消費者ニーズに合った持ちやすさや、使いやすさ、安全・安心など、顧客満足につながる「プラスの価値」を加えたコンセプトになっている。

出典：筆者作成

所長であったロナルド・メイスが１９８５年に提唱した概念である。

それまでは、バリアフリーという障害や障壁をなくすための活動が一般的であった。日本でも、１９８０代に高齢社会を見据えて、たとえば階段にスロープをつくり、高齢者にやさしいバリアフリーという言葉が広がっていった。

その後、高齢者だけでなく、（男性と比較すれば）一般的に力が弱いとされる女性や子供にも優しく、簡単に持てる・使える、あるいは見やすい、わかりやすいなど、バリアフリーよりももっと幅広い考え方へと広がってきたのがＵＤである。

ＵＤとバリアフリーについて、明確には区

別できないが、あえて区別をすると次の二つに分けることができる。

ＵＤは、障害や障壁など消費者にとってのマイナスとなる価値をゼロにする「バリアフリー」のコンセプトだけでない。消費者ニーズに合った持ちやすさや、使いやすさ、安全・安心など、顧客満足につながる「プラスの価値」を加えたコンセプトになっている。

つまり、一つは「マイナスをゼロにする」というバリアフリーの考え方。たとえば、バリアフリーは階段をなくすことによってスロープを上がりやすくする。階段をなくしたところでプラスにはならないが、障害がなくなるわけだからマイナスがゼロになる。

もう一つは「ゼロをプラスにする」というＵＤの考え方。お茶とか水の大きく重いペットボトルの腹の部分にくぼみができて、女性も含めて多くの大人が持ちやすくなった。これはなくてもおかしくはないが、あることによって持ちやすく、注ぎやすくなるので、ゼロをプラスにしている。

このようなＵＤの例を、以下に紹介していこう。

ボトルに刻み入りシャンプーの開発〜花王のシャンプー・リンス〜

筆者は「目を閉じてシャンプーとリンスを区別できるか」という質問を、毎年学生に授業で問いかけている。

触っただけでリンスと区別がつくように、シャンプーのボトルの脇に最初に刻みが入ったのは、もう四半世紀も前のことになる（近年はキャップに点字で描かれているものも多い）。社会人であれば、どこからか聞き伝わって旧知の事実かもしれないが、意外と知らない学生が多いのには驚く。

実は最初に、この刻みを自社商品『エッセンシャルシャンプー』に取り入れたのが花王である。それが、１９９１年10月、今から25年前のことだった。

当時は、目の不自由な人が安心して使えるということで、バリアフリーという呼び方がされた。その後、男性も女性も、そして子供も目を閉じていてもわかるようにという概念でＵＤと呼ばれるようになったのは、前述のとおりである。

直ちに同社は実用新案の申請をした。ここまでの話であれば、単なるユニークな商品開発の一つに過ぎない。しかし、その後の花王の対応が賞賛に値する。

中請した実用新案を取り下げ、この刻みを業界標準とすべく、同業他社に働きかけたのである。もしそのまま、同社がこの権利を押さえてしまえば、同業他社は同じような印をシャンプーに刻むことができなくなる。それでは社会のためにならないと考え、花王が行動に出た結果、シャンプーのＵＤが今日のように普及することになったのである。

ＵＤを企業理念に組み込む

コクヨという会社は「ひらめき・はかどり・ここちよさ」をブランド・メッセージとして、ＵＤを企業戦略の中心に置いている。

子供たちに人気が高い商品で『カドケシ』という消しゴムがあるが、実はこれもＵＤである。

消しゴムを使っていくと、どんどん角の部分が丸くなって細かいところが消せなくて困った、という経験は誰しもあるはずだ。最近は小学校でもパソコンの授業があるが、それでもまだ鉛筆や消しゴムは学校生活の必需品である。

この『カドケシ』は平面的な直方体ではなく、サイコロを交互に組み重ねたような立体

UDの『パラクルノ』と『カドケシ』(コクヨ)　(写真3－⑯)

出典：コクヨ　ホームページ< http://www.kokuyo.co.jp/ >

的多層構造になっているため、角が沢山あり、いつまでも細かいところが消しやすい。

その他、ノートの真ん中から斜めにカットが入り、前後どちらからも簡単にめくりやすい『パラクルノ』というノートもある。

いずれも誰もが安心して使える、使いやすさを重視したUDである。

同じく、企業戦略として人権に取り組んだのがTOTOである。

同社のホームページには、「TOTOはユニバーサルデザインを企業戦略に取り入れ茅ヶ崎にユニバーサルデザイン研究所をつくった。そしていまその取り組みを始めている」とある。その成果が「座ってラクラク」という皆にやさしいキッチンや、滑りにくい床のバスルームなどに生かされている。

コクヨの事例のように、万人が共用できるＵＤ商品や、ロハスのように健康と環境にやさしい商品・サービスの開発など、時代を映すキーワードを的確に捉えることがますます重要な時代になってきた。

企業は、時代の背景を見据え、消費者ニーズに合った商品開発に取り組むことで、社会からの信頼やレピュテーションを高めることにつながり、顧客満足と持続可能な発展へと結びついていくのである。

ステークホルダーに夢を提供

企業は、顧客や地域社会、環境、取引先、そして従業員も含めた多様なステークホルダーに対して、夢のある未来を提供してほしいと思う。現代は、このような会社が社会から認められ、支持される時代だ。それこそが、これからの時代のサスティナブル・カンパニーである。

たとえば、おいしいお茶やお菓子、そして楽しいミュージカルなど、夢や快適さ、そして楽しい気分にさせてくれる商品やサービス、そしてアイデアを売って会社も繁栄するのであれば、それに越したことはない。いわゆる「売って喜ぶ」のが会社の本質というものである。

一方、消費者は、おいしいものを買って、食べて、そして面白いものを見て、楽しみや喜びを感じる。つまり「買って喜ぶ」わけだ。

さらにいえば、小さく折りたためるペットボトルなど、省エネや省資源で環境にやさしい商品・サービスは、地域や社会全体に喜びを提供することになる。

第3章のまとめ

会社が長期にわたり繁栄するのは、顧客に支えられているからだ。つまり、顧客満足を享受することで支持されているといってもよいだろう。

これまでの第1章、第2章と関連づければ、経営理念が見える化され、経営層と従業員が一体となり、ビジョンや目標に向かって活動をすれば、自ずと魅力ある商品（サービス、アイデアも含める）が生まれる。

そして、従業員のおもてなしの精神に満ちたホスピタリティによってこれらの商品は、さらなる魅力が付加され顧客満足に結びついていく。商品やホスピタリティなど、「経営の仕組み」であるマネジメントの質的レベルを表す「経営品質」が高まった結果の成果である。

本章のまとめとして、顧客満足が経営品質を高めるポイントを七つ挙げておいた。以下の項目にチェックを入れながら、いま一度確認してほしい。

□魅力ある商品を生み出す研究開発力は、消費者ニーズや時代の流れを読み取ること。
□従業員の自由な発想を大切にして、消費者に夢とロマンを提供すること。
□商品の魅力をブランド・メッセージに託し、広告・宣伝・広報活動などを通じて顧客に伝えること。
□ホスピタリティの実践は、従業員に対する会社のホスピタリティから始めること。
□ホスピタリティの判断力は、現場の従業員に権限移譲をすることによって養われる。
□顧客からの要望は、「ＮＯ（ノー）」から考えるのではなく、まず「ＹＥＳ（承知しました）」を前提に判断すること。

□ユニバーサル・デザインの発想を大切に、すべての顧客を起点に考えること。

七つの項目を確認いただいたところで、最後に重要なことをもう一つ指摘したい。「社会も喜ぶ」という概念だ。

すでに何度も述べたように、その昔、近江商人が大切にしたといわれる「売り手よし、買い手よし、世間よし」を示す「三方よし」の精神でいうところの「世間よし」の部分である。このことをもう一度指摘した上で、次の第4章に進みたい。

第4章

地元に密着、地域社会の満足（SS=Social Satisfaction）を目指す：「買い手・世間よし」

波照間島におけるユイマールと黒糖ビジネス

地域社会と一体になり、社会から信頼される経営

●消費者からの信頼を高める地域社会の満足

サスティナブル・カンパニーを目指す経営の一つに、地域密着で社会から喜ばれること、すなわち「地域社会の満足（Social Satisfaction）」を挙げることができる。

トヨタグループ（ダイハツ工業と日野自動車を含む）が、２０１５年度に世界で生産した車の台数は１００９万台で、３年連続１０００万台の大台を超えた。それを牽引したのが、『プリウス』や『レクサス』など、環境にやさしいハイブリッド車だ。数年前まで、米国のアカデミー賞の受賞者は『リンカーン・コンチネンタル』に乗って会場に横付けしていたものだが、今日では『プリウス』や『レクサス』で登場するようになっている。彼らのステータスシンボルとして、環境にやさしいことが重要なキーワードになっているからだ。

このように環境や社会に貢献する会社の姿勢には、「地域社会の満足」という概念が見えてくる。そうした地域社会の満足を追求する会社に対して、当然のことながら消費者からの評価も高まることになる。顧客満足に加え、地域社会の満足をマーケティングに生かす時代になってきたということだ。

従業員が夢やロマンを抱き、誇りを持てるのはそうした会社であり、学生の就職人気も高くなっている。

●波照間島の基幹産業「黒糖ビジネス」

ここで、地域性というものに目を向けてみよう。会社にとって地域とは、製品の需要を生み出す場所でもある。しかし、地域との関係が薄れている会社は、時として地元の消費者から好感を得られず、ファンになってもらえないことがある。経営が厳しくなった時、普段の行いが悪ければ、地域の人たちも「地元の会社だから応援しよう」とはならないということだ。

莫大な広告宣伝費を使ってファンづくりに躍起になっている会社は多いのだが、最もファンになってくれる可能性のある所、つまり地元を見落としてしまっている会社は少なくない。

日本の最南端に位置する波照間島　　（写真４－①）

出典：2016年２月、筆者撮影

地域と密着したビジネスが根付いている場所に、日本最南端の島、波照間（はてるま）島がある。

波照間島は、沖縄県の石垣島から南西約60キロメートル、高速艇で約70分の所に位置し、有人地域では日本最南端の島である。波照間島という名前には「最果てのウルマ（サンゴ礁）」という意味がある。島の面積12・73平方メートル、周囲14・８キロメートルで、人口５２８人、２７５世帯（いずれも２０１６年1月末現在）が、サトウキビなどの農業、漁業、観光産業を中心として生計を立てている。

サトウキビの生産活動においては、「ユイ

マール」と呼ばれる、地元農民による公平性と相互扶助の人的組織がその基盤となっている。

これは、地域の人たちが小集団の組をつくり、相互に助け合いながら収穫を支える沖縄周辺独特の共同支援文化である。加えて「援農隊」と呼ばれる外部労働力とも協力し合いながら、この島の産業を支えている。

サトウキビからつくられる黒糖は波照間島の特産物となっている。日本で最高級レベルの品質ともいわれるこの黒糖を、島は「売って喜び（売り手よし）」、消費者は「買って喜ぶ（買い手よし）」。その善循環が波照間島の黒糖ビジネスを成功に導いたことは論を俟たない。

加えて、ユイマールによる相互扶助活動、援農隊の参加を得て、地域経済の活性化の源である「世間よし」につながり、「三方よし」へと結びついている。

ここでは、波照間島を代表する産業の黒糖づくりに焦点を当て、ユイマールと援農隊による製糖ビジネスの現状、さらには三方よしの活動の本質を探っていきたい。

地域の活性化に貢献するユイマールと援農隊

いる。

●相互扶助の精神、ユイマール

ユイマールとは、『沖縄大百科事典』(沖縄タイムス社)によれば、次のように記されている。

「賃金の支払いを伴わない労働交換の慣行をさし、単にユイ(結)ともいう。生産力の水準が低く、労働力が賃金で評価されない段階では、他所からの労働力の受け入れに対して労働力を以て返す方法がとられた。この労働力のやりとりは、血縁・地縁で結ばれた数個の農家同士で行われる」

ここでの「血縁」とは、「トウザマリ(双系親族)」と呼ばれる親族集団、村落という地縁集団によって支えられた組織をいう。「ユイ(結)」が相互に交換される意味から「マール(廻る)」という表現でユイマールといわれる場合もある。互いに協力しあうという意味で協同的な相互扶助の精神が生きた組織的な活動である。

今日、このユイマールが残されているのは、沖縄のサトウキビの刈り取り、製糖、植え

24 時間操業、波照間製糖の工場　　（写真 4 − ②）

出典：2016 年 2 月、筆者撮影

付けなどが中心であり、中でも波照間島におけるユイマール組織は有名である。

１９５０年代には家屋の建築や田植えなどにおいても労働ユイマールが行われていたが、１９６３年に波照間製糖の工場の操業が開始され、その際にサトウキビの増産と製糖工場への計画的搬入のために各地域を３～４に分けた17のユイマールの「組」がつくられ、そこで初めて賃金精算が導入された。

●サトウキビ刈り取りを支援する援農隊

波照間製糖の操業時期は、12月に始まり翌年の３～４月頃までを一つのサイクルとする。そこで本稿では、たとえば２０１４年12月から始まるサイクルを、「14／15年期」と表記する。

ユイマールと援農隊によるサトウキビの刈り取り　（写真4－③）

出典：2016年2月、筆者撮影

波照間島の製糖工場や収穫作業は、島民やユイマール組織だけですべてを賄えるわけではない。特に12月から翌3月頃にかけては、サトウキビの収穫と工場での製糖が同時期にピークを迎えるため、圧倒的に人的パワーが不足する。

そこで考えられたのが、援農隊という組織だ。若年層の労働者がおよそ4カ月間に限って人手不足の農家を支援し、労働力を提供する役割を担う。製造業において期間工と呼ばれる職種に近い仕事だ。

●全国から集まる波照間島の援農隊

15／16年期の援農隊は、全国から27名がそれぞれのユイマールに配属された。

ブログやTwitterなどのＳＮＳ（ソーシャルネットワーキングサービス）を通じて、東京、長野、四国など全国各地から集まってくる季節労働の若者たちで、夏は信州や北海道、冬は沖縄などで働くことが多い。最近はグローバル社会を反映し、インドなど海外からの参加も増えてきているという。

給料の支払いはもちろんのこと、宿舎など労働環境に配慮している。サトウキビ刈り取り後の夕食時は、宿舎で島の人も交えて島特産の泡盛『泡波』のグラスを傾け、コミュニケーションを図っている。こうしたことから、ここ数年は毎年参加する「援農隊リピーター」もいるほどだ。

今回、援農隊の一人から話を聞くことができた。一色航志郎と名乗る自称「自由人」で、日本一周中に友人からサトウキビ援農隊のことを聞き、応募したという。こうした若者が現在の波照間島の製糖産業を支えているともいえる。

●波照間島のユイマール

１９７４年頃のピーク時には２００戸近くの農家がサトウキビを栽培していたが、

２０１５年時点では97戸と、大幅に減少している。若年層が島外へ就職することによる影響などで後継者が不足し、今日の戸数に至っている。

なお、農家のサトウキビ栽培面積そのものは当時と変化はないものの、農作業の近代化とともに一戸当たりの作付面積は拡大している。ただ、島内のすべての農民がユイマールに参加するとは限らず、14／15年期には2軒の農家が参加せずに、インターネットなどを利用して独自に援農隊を募集して収穫作業に取り組んでいる。


前述したように、１９６３年、波照間製糖の工場稼働と同時に、波照間島における現在のユイマールがスタートした。

賃金の支払いについては、17のユイマール組織の班長が個人の能力や特殊事情を勘案して定める。毎日の作業時間は5分単位で管理され、上旬、中旬、下旬ごとに賃金を集計し、製糖工場が立て替えて支払いを行う。後日、サトウキビが工場へ搬入（販売）された金額から、先に援農隊へ支払われた賃金分を差し引いた額が農家へ支払われる。したがって、援農隊への支払い賃金が手元になくてもユイマールによる収穫作業は可能である。

このユイマールの賃金システムは、個人の作業能力や作業時間の融通、農家の畑面積と手伝い作業時間の調整などのアンバランスを解消するとともに、ユイマール組織内の不公平感を減少させるという効果もある。こうしたユイマールのシステムが評価され、１９７３年には「朝日農業賞」を受賞している。

ちなみに、この賞は１９６３年に朝日新聞社が創設したもので、新しい農業の発展と地域社会への貢献で顕著な業績を上げた団体を毎年表彰するものである。その後、同社が創刊１２０周年の１９９９年に「明日への環境賞」を設けたことから、その中で環境面に配慮しつつ実績を上げている農業生産活動に対して贈る「農業特別賞」となって今に引き継がれている。

サトウキビの植え付けから黒糖の完成まで

●サトウキビの植え付けから生育

サトウキビの作付けは、7～11月の5カ月間が中心で、約1年半かけて生育させ、翌年の12月から翌々年の4月頃までの刈り取り作業が主な仕事となる。

サトウキビの植え付け後、冬を迎えると気温の低下とともに生育が止まり、その後は糖分の増加と蓄え期に入る。植え付けから収穫までの生育には適度な日照と雨量が必要で、日照を浴びて糖度が高いほど良質のものとされる。

この地域に顕著な台風は、甚大な被害をもたらさない小規模なレベルであれば、雨量の確保や病害虫を退治（風で吹き飛ばす）することからも、ある意味では歓迎される。

サトウキビは、他の農作物と同様、「ヨトウムシ」と呼ばれる害虫による被害を受けやすい。これは、夜間に出没してサトウキビを食い荒らすことから「夜盗」の名が付いたもので、与那国島から南下し、２０１２年頃から波照間島でも被害が出始めた。収穫時に刈り取り口が赤いものはヨトウムシに侵されている証である。

●サトウキビの刈り取り

刈り取りは工場の操業が開始する12月から始まり、操業の終わる翌４月まで続く。工場の操業に合わせ、毎日必要な量のサトウキビをトラックなどで運び込む。

刈り取ったサトウキビそのまま放置しておくと、すぐ鮮度が落ちて糖度が低下するので、工場の操業状態に合わせ、収穫後に極力早く製糖できるよう計画的に畑から収穫する。

サトウキビの刈り取りは、波照間島の場合、ほとんどが人力による刈り取りである。労

トラックで工場まで搬送されるサトウキビ　（写真４－④）

出典：2016年２月、筆者撮影

サトウキビの刈り取り器具三種　（写真４－⑤）

出典：波照間製糖、
金武事業所長より写真提供

二股になった脱葉鎌の先端部　（写真４－⑥）

出典：新光糖業ホームページより転載

働時間の大半を占める収穫作業の省力化を図るため、国庫補助事業などを活用した「ハーベスタ」という収穫用の機械導入が推進されてきたが、機械で刈り取ったあとの細かな枝落としや葉の伐採は現在の性能では困難なため、人間の手に頼らざるを得ないのだ。

人の手による刈り取りは、まず、ユイマールや援農隊が5〜6人から10人前後の組になって、先端が長く半円形の「倒し鍬」あるいは「倒し鎌」(写真4−⑤)という器具で一本一本サトウキビを根元から刈り取る。さらに、先端が二股になった「脱葉鎌」(写真4−⑥)を使い、糖度が低い梢頭部や葉・根など茎以外のすべてを取り除き、トラックで搬出する。

製糖工場への搬入と黒糖の完成まで

収穫後のサトウキビが、製糖工場に運び込まれ、黒糖が完成するまでの工程は(図表4−⑦)のとおりである。

サトウキビはまず、糖度を測定するためにサンプリングされたあと、ベルトコンベヤー

黒糖の製造工程　（図表４－⑦）

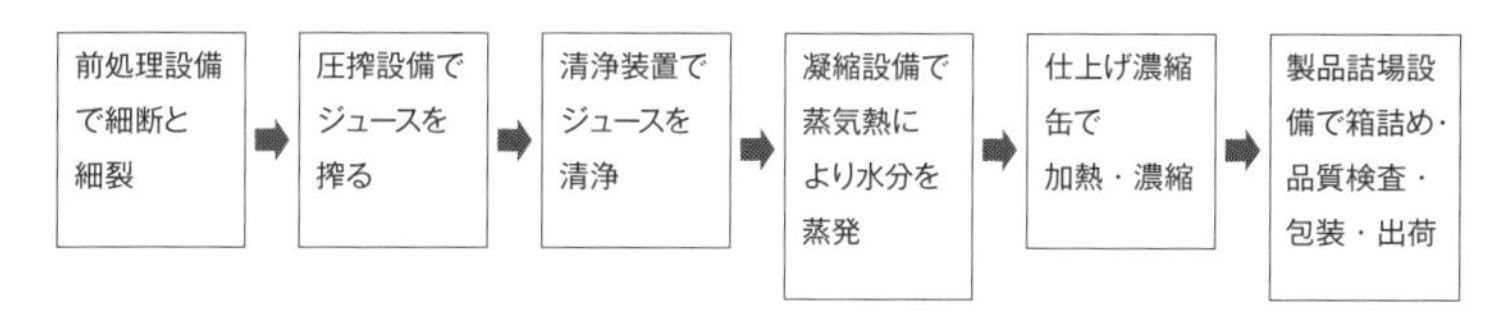

出典：資料「竹富町波照間製糖工場」に基づき、筆者作成

ベルトコンベヤーで運ばれるサトウキビ　（写真４－⑧）

出典：2016年２月、筆者撮影

で工場内へ運ばれ、前処理工程でケーンタンブラーと呼ばれるカッターなどで細断、シュレッダーでさらに細かく粉砕される。

次に圧搾機でジュースを搾り取り、非糖分を分離させ、「圧搾ジュース」と「バガス（サトウキビの絞りかす）」に分離される。

サトウキビの重量の約25%程度の重さになったバガスの大部分は、製糖工場のボイラーの燃料として使用され、「フィルターケーキ」と呼ばれる一部は発酵堆肥としてサトウキビ畑に戻される。いわば、「サトウキビのリサイクル」というわけだ。

「圧搾ジュース」は石灰を加えてジュースヒーターで加熱し、クラリファイヤーといわれる分離機を用いて非糖分を凝固させ、沈殿・分離させたのち、きれいな上澄み液のみを抽出する。

前工程で得られた「上澄み液」は、効用缶と呼ばれる濃縮装置の中で蒸気熱により水分を蒸発させ、濃縮していく。これをさらに仕上げ濃縮缶で加熱・濃縮して、でき上がった過飽和状態の溶液を攪拌しながら冷却することで結晶化させ、黒糖が完成する。最後に黒糖は30キログラムずつ箱詰めされ、品質検査を経て、包装、出荷される。

波照間島の基幹産業として、地域一体となった活動

サトウキビの刈り取りで援農隊が果たす役割と同様に、製糖工場の活動についても、島民はもちろんのこと、援農隊他、多様なステークホルダーからの支援や協力が不可欠である。

「従業員は期間従業員や波照間島の住民、取引先、行政など、多くの関係者や組織から支援され支えられています」と、波照間製糖の取締役事業所長・金武(きん)清也氏(以後、金武)は語っている。

金武によれば、工場の作業は機械化されているとはいえ、本質的には30年前と大きな変化はない。以前は作業者の宿泊施設を島の民宿に頼っていたが、それだけでは足りず、不足分は民家の空き室を借りていたという。しかし、従業員が島で生活をすることで島内の経済が潤うため、また労働力を確保するためにも、今は福利厚生の一環として会社が従業員寮を整備している。

金武は、「終業後の時間を過ごす寮の充実は従業員にとっても重要です。寮の食事に関

しては、工場の作業のように表に出るものではないが、宿舎の賄いを担当する相沢武・かおる夫妻は、いわば工場の縁の下の力持ちといえるでしょう。昔は島のおばあたちが賄いをしてくれましたが、現在は相沢夫妻の力があってこそ島の基幹産業である製糖業が成り立っているのです」とも語ってくれた。

こうした島ぐるみ、地域ぐるみの一体になった活動が、波照間島の製糖ビジネスを根本から支えているのである。

●「農業体験ツアー」と「サトウキビ農業インターンシップ」

同島でサトウキビの収穫作業を効率的に行っていくには、全国から援農隊を募集し、彼らの共同利用施設の設置を行うなど、組織的な取り組みがさらに重要になるだろう。加えて、今後の課題として、以下の二点を指摘しておきたい。

第一は、若年労働者の確保に向けた取り組みである。特にサトウキビ刈り取り時期における若年労働者の確保は重要な課題である。その解決に向けた取り組みについて、たとえば「農業体験ツアー」「サトウキビ農業インターンシップ」のような活動もヒントとなるだろう。ツアーを観光と結びつけることで、波照間島を体験するグリーンツーリズムのようなものも可能となるはずだ。

こうしたツアーであれば、若者だけでなく、元気なシニア層も参加できる。会社を定年退職して自由時間が増えた彼らは実年齢以上に健康であり、働く意欲も十分である。加えて、地域への貢献活動やボランティア意識も高い。また、すでに実施されているが、全国のハローワークの活用も可能だろう。

インターンシップは、大学の授業と連携することも一考に値する。ただ、その場合、期間が12～4月となると、大学の後期試験期間とも重なるので、いくつかの期間に分けて参加できる形態も考える必要がありそうだ。

いずれにせよ、これまでの援農隊のノウハウを生かして賃金や宿泊などを制度化することと、ツアー会社とタイアップして検討することが必要になってくる。

●波照間島の観光資源と一体化「星形の黒糖」

第二の課題は、波照間島の黒糖ビジネスにも関連するが、マーケティング的な視点から今以上に観光資源との一体化を考えることである。

自然が生かされた砂浜　（写真4－⑨）

出典：2016年2月、筆者撮影

波照間島は、南十字星が見られる日本最南端の島であり、最も星空の美しい島ともいわれている。真っ白い砂浜と波照間ブルーと呼ばれる海は自然の恵みそのもので、初めて訪れた観光客は異口同音に「もう一度来たい島」と言うそうだ。

一方で、日本で最も良質とされるおいしい黒糖という貴重な産業も有している。「星形の黒糖」「金平糖の黒糖」など、波照間島の観光資源と一体になった製品開発の可能性も十分に期待できるだろう。

地元密着で地域社会の満足を目指す、「世間よし」の活動から

波照間島のような離島で、地元密着の活動を進めるビジネスは、トップ自らが現場と一体になり、求心力を高めることが必要だ。この点でいえば、波照間製糖の場合は、金武が現地で島の住民と暮らしをともにし、喜怒哀楽を分かち合ってきたことが、島民からの絶大な信頼に結びついている。

その上で、最高品質の黒糖を製造・販売することが、島で働く従業員にとっては「売って喜び(売り手よし)」となり、消費者にとっては「買って喜ぶ(買い手よし)」に結びつく。さらに顧客の「おいしい」という笑顔が従業員満足を増幅させるだけでなく、口コミやネットでの評判につながり、星空観光などともリンクした観光収入の拡大にもつながり、経済を活性化させる「世間よし」となっていく。

「地場産業と観光資源の一体化」に、「農業体験ツアー」「サトウキビ農業インターンシップ」などの動きが加われば、売り手よし、買い手よし、世間よしの「三方よし」のスケールがさらに拡大することになる。

また、全国各地から集まった援農隊の参加を得て地域経済を活性化させるという労働力確保の手法や、ユイマールの考え方など、波照間島における相互扶助の活動は、過疎地域での経済活性化に向けて興味深い事例となっている。

日本中で「地方創生」が進められている今、離島経済の活性化に向けた波照間島の「三方よし」の取り組みは、地元に潤いを与える地域経済活性化の一つのモデルとして、全国の農村や漁村、山村など多くの地域産業の活性化において、大いなるヒントになるだろう。

環境保全、安全・安心を訴求、地域と一体になったビジネス

産直もずくとサンゴの森づくりに学ぶ、「多方よしのCSV」

●パルシステムと沖縄県恩納村のコラボレーション

同じ沖縄県の恩納村（おんなそん）では、もずくの養殖を通じて、現地の農業・漁業経済、会社の発展、そして消費者に対する安全・安心の提供、この三つが三位一体になった活動が芽吹い

ている。

恩納村は沖縄本島中央部に位置し、日本有数のリゾート地として著名な場所である。同村では自然環境を守りながら、恩納村美ら海産直協議会が取り組む「産直もずくとサンゴの森づくり」が進んでいる。

近年、産地偽装や商品の誇大広告などを受けて、消費者の買い物行動における重要な価値判断基準が「食の安全・安心」に傾きつつある。全国の生活協同組合（以下、生協）の戸別配達や店舗での購買が消費者の人気を博しているのも、そのためだ。特に農水畜産物の「産地直送（産直）」商品は、消費者の高い支持を得ている。

この産直と呼ばれる流通システムは、メーカーや流通業者が生産地と提携し、消費者に農水畜産物などを直接届けるものだ。

パルシステム生活協同組合連合会（以下、パルシステム）は、「産直もずくとサンゴの森づくり」が顧客満足を提供し、環境や地域社会の満足を生み出し、公益に資するとの考えから、「高い志と使命感」をもって産直に取り組んでいる。

結果、もずく生産者（漁業関係者や加工業者）、販売・流通業者などの業績向上という複数の「売り手よし」、消費者に安全・安心を提供する「買い手よし」、恩納村に対する産地支援の「世間よし」、さらには「サンゴの森づくり」がもたらす環境保護の「環境よし」など、多面的な成果を上げている。

この活動は、すでに述べた「三方よし」をさらに進めた考え方で、マルチ・ステークホルダー（多様な利害関係者）と価値を享受する意味から「多方よし」と称したい。さらにいえば、マイケル・ポーターとマーク・クラマーが２０１１年１－２月号の『ハーバード・ビジネス・レビュー』誌で発表した、Creating Shared Value（共益の創造、以後「ＣＳＶ」と略す）に合致する。

ここでのＣＳＶとは、社会的課題の解決と企業の利益、競争力の向上を両立させ、社会と企業の双方がWin-Winの関係を築き、ともに価値を享受することを指す。

なお、ＣＳＶの日本語訳を多くは「共通価値の創造」と訳しているが、筆者はともに利益（金銭的・非金銭的利益）を分かち合う意味で「共益の創造」と表現している。

CSVのマトリックスによる戦略的判断　（図表4－⑩）

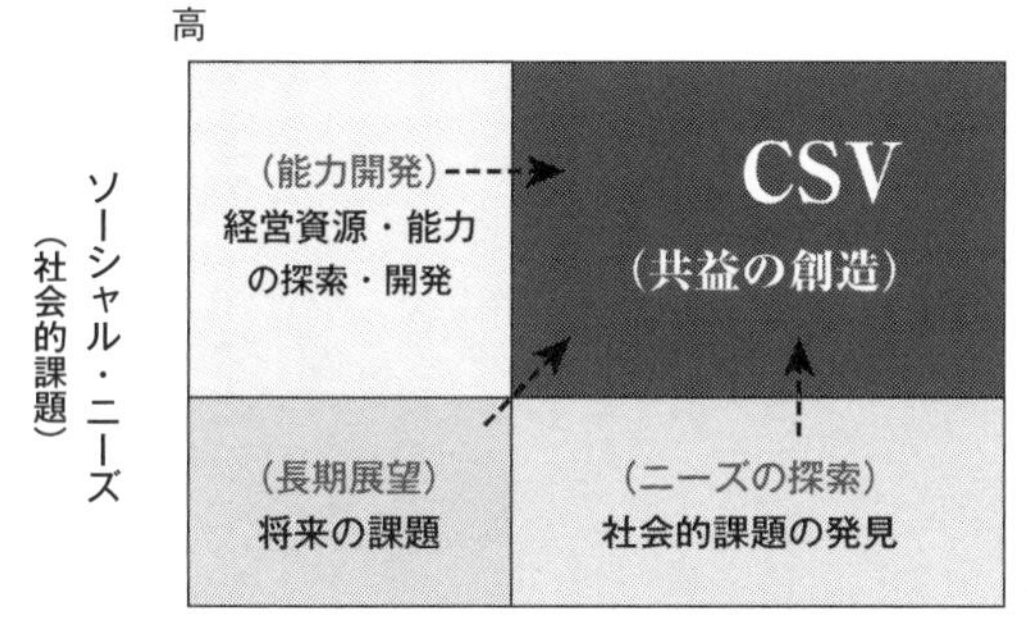

出典：マイケル・ポーターらの考えを参考に筆者作成

少し難しいかもしれないが、ＣＳＶの概念を、パルシステムを例に、ここで順を追って説明しておきたい。最初にＣＳＶを示した（図表4－⑩）を掲示しておくので、これを見ながら読み進めてもらえれば理解を深めるために役立つだろう。

①自社の経営理念との整合性を見いだすことが必要。計画段階で、そのことについて全社的なコンセンサスを得るために、パルシステムは「安全・安心」という生協ブランドの価値をＣＳＶの活動と合致させた。

②ＣＳＶは公益に資するという「高い志と使命感」を持って進めることが最終的にはビジネスに結びつく。それはパ

ルシステムの場合、生協という出資金を支払った組合員組織で構成されるため、経営理念やビジョンに合致することで組織全体が共通目標に向かって邁進することができるからだ。組合員である消費者に安全・安心を提供するという価値がそのビジョンに当たる。

③その上で、現地のソーシャル・ニーズ（社会的課題：図表4－⑩では縦軸）を見極めることが必要。恩納村の農業・漁業経済の発展とサンゴの保存など、環境保全に貢献するという社会的課題の解決である

④さらに、パルシステムの人・モノ・金といった経営資源から参入できる分野を見極める。これが一般的にいわれる戦略的な視点である。

⑤続いて自社の強み（産直）から応用可能な技術や参入領域（農業・漁業など）を選択し、最後に現状の経営状況や置かれた環境などを分析し決定する。これが経営戦略でいわれるコア・コンピタンスの峻別である。

⑥その結果、高レベルのソーシャル・ニーズと合致する部分がソーシャル・インパクト（社会的影響力）の高い、自社独自のＣＳＶの領域ということになる。ＣＳＶへの取り組みは、社会的課題の解決がビジネスに結びつく、Win-Winの関係なのだ。

このようなＣＳＶの視点を念頭に置いて以下の事例を読んでほしい。

恩納村美ら海産直協議会の設立

●関係四者による価値の共有「サンゴの森づくり」

２００９年11月7日、恩納村漁業協同組合（生産者）、株式会社井ゲタ竹内（加工業者）、パルシステム（販売・流通業者）、恩納村（行政）の四者が協定を結び、恩納村美ら海産直協議会（以下、同協議会）を設立した。

その目的は、四者が協力して、水産物産地である恩納村でサンゴの森をつくるためのサンゴの養殖と植え付けの活動を行い、都市と漁村の人的交流を推進する取り組みを通じて、地球環境と生命の源である海を守り豊かにすることにある。

具体的には、サンゴの森づくりを通じたサンゴの養殖は、

①サンゴ礁が天然の防波堤となり、荒い波からもずくを守る。

②その結果、もずくの養殖場は幼魚や小エビなどの住み処となり、豊かな生態系の一

部を形成する。

③サンゴと共生する褐虫藻の光合成により、CO2を吸収する。

というような役割や効果が期待できることにある。

その結果、地球環境と生命の源である海が守られ、豊かになることで、もずくの養殖にも良い効果をもたらし、さらには、消費者も安全・安心で美味なもずくを食することができる。

つまり、上記の四者で構成された「恩納村美ら海産直協議会」「海の生態系」「消費者」にとって、勝ち負け（Win-Lose）の関係ではなく、相互にバリュー（Value：価値）を享受するWin-Winの活動に結びつく、多方よしの関係を生み出すことになる。

●サンゴの自然再生を促進

前述の目的を達成するため、同協議会は以下のような事業を行うとしている。

①サンゴの養殖・植え付け活動について、年間1000群体を目標として10年計画で行う。

恩納村漁協によるサンゴ植樹のようす　（写真４－⑪）

出典：恩納村漁協提供

②植えつけたサンゴの管理を行う。
③交流をはじめとしたその他必要な活動を行う（たとえば、パルシステムの組合員の参加によるサンゴの森づくりツアーなど）。
④資源循環型水産物の推進と産直加工品の推進を行う。
⑤上記の活動を前記の四者及びパルシステムの組合員によって実施する。

「サンゴの森づくり」の活動については、２０１５年９月までの６年間で７３００群体の植え付けが行われている。オニヒトデがサンゴを食べて枯渇させないように保護し、併せて海流を良くする目的で網とポールを撤いて、その中にサンゴを植え付けるのである。

サンゴが生育し、高さ25センチになれば産卵も可能となる。

２０１３年5月30日満月の日、午後10時過ぎの満潮時、同協議会が植え付けたサンゴから初めての産卵が行われた。さらに２０１４年6月13日に第2回目、２０１５年6月３日に第3回目の産卵があり、サンゴの自然再生が促進されている。今後とも毎年の産卵は続いていく見込みで、同協議会の活動が自然界の摂理にかなっていることが証明されたといえよう。

もずく養殖の歴史と、「恩納もずく」のブランド化

●もずく養殖の歴史

そもそも沖縄県におけるもずく養殖の歴史をたどれば、（図表４－⑫）のとおり、１９７３年、恩納村が先駆けとなって進めたものに突き当たる。

１９７３年に、恩納村の海中にもずく養殖岩礁（ブロック）４０００個が投入され、杭打ちひび建てによる養殖試験が開始された。

恩納村におけるもずく養殖の歩み　　（図表4－⑫）

1973（昭和48）年	もずく増殖礁試験が開始
	海中に、もずく養殖岩礁（ブロック）4000個を投入
	杭打ちひび建てによる養殖試験を実施
1977（昭和52）年	もずくの初収穫に成功
	恩納村の補助を受け種苗施設が設置
	もずく加工場の整備で、養殖事業が本格化される

出典:「恩納村美ら海産直協議会」―「海人」との交流研修　学習資料②、p.14に基づき、筆者作成

１９７７年には、初めてもずくの収穫に成功し、その後、恩納村の補助を受け種苗施設が設置された。さらにはもずく加工場が整備されるとともに、養殖事業が本格化する。

このまま恩納村でもずくの養殖事業が順調に伸びるかと思われたが、急激な増産のため、４年後の１９８１年にもずく価格が大暴落し、養殖事業が低迷することとなる。

恩納村におけるもずくの養殖は、稲作と同様、干潟での種付けに始まり、萌芽に約１～２週間が必要で、その後、もずく苗を１カ月程度かけて育成する。干潟で育てられた苗は沖で本張りがされ、陸の赤土から保護されな

がら養分を吸収し、約100日かけて生育する。

●もずくのブランド化

現在、多様な分野で商品やサービスのブランド化が進んでいる。

恩納村漁協では、1991年に初めて「恩納村漁協産」の名前で商品を発売した。それまでの養殖もずくを「恩納もずく」ブランドとして養殖を始めたきっかけは、1998年頃から地球温暖化によりサンゴの白化が始まったことにある。さらにサンゴの天敵であるオニヒトデが大量発生したことから、サンゴの保護を目的にした取り組みに加えてブランド化へのドライブがかかったのである。

2000年には「美ら海育ち」のロゴを使用、さらに2007年には褐藻の新品種の開発に成功し、「恩納もずく（恩納1号）」を品種登録している。2009年の恩納村美ら海産直協議会の設立後、2015年までにパルシステムと組合全体で養殖したもずくの数は約1万9000本となっている。

こうしたブランド化の活動は、ただ商品にブランドのロゴを貼り付けるだけではない。

水揚げされた恩納もずくの選定作業　（写真４－⑬）

出典：2015 年３月、恩納村漁協にて筆者撮影

恩納もずくを養殖する際の細かな心配りや養殖技術へのこだわり、品種改良なども含めて、他にはない品質の優秀性や製品への信頼があってこそブランド化が成り立つのだ。

恩納もずくの養殖に携わる漁協のスタッフ、加工業者の「井ゲタ竹内」、そして販売業者のパルシステムが一体になって、こうした努力を惜しまないことで、恩納もずくは安全・安心という、ブランドへの信頼を築き上げてきたのだ。

こうした努力が評価され、恩納村は２０１１年、沖縄県における養殖魚介類のもずく拠点産地に認定されるとともに、恩納もずく（恩納１号）は２０１１年から２０２６

年まで恩納村漁協の登録品種として権利が保護されている。

消費者参加の「安全・安心、産直もずくのブランド化」

●消費者参加ツアー「サンゴの森づくり」の開催

同協議会は、「産直もずくとサンゴの森づくり」活動の一環として、2010年3月に、第一回消費者参加ツアー「サンゴの森づくり」を開催した。以降、このツアーは毎年同時期に行われており、2016年も3月25～27日に実施された。

消費者が恩納村漁協の活動に参加することで、生産者である漁業者や加工業者は市場の生の声を聞くことができ、活動の自信につながるとともに改善事項も発見できる。

中でも、小学生などの児童同伴が多い消費者においては、安全・安心の産直活動を実感することで恩納村漁協への理解が深まり、児童の環境学習にもつながることから、このツアーは高い評価を得ている。さらに海浜での実体験は、消費者単独では有毒な生物などに触れるリスクもあるが、漁業者の案内があれば児童も安心して参加できる。

こうした消費者参加型の体験イベントは、漁業者や販売業者（売り手）、さらには消費者（買い手）にとって、相互理解の意味からもWin-Winの関係を築くことができる。しかもこうした活動を通して、海洋の環境保全やサンゴ礁の保護などに対する消費者の理解が深まることにおいても意義深いものとなっている。

●「寄付金付き産直もずく」の販売

「産直もずくとサンゴの森づくり」のプロジェクトでは、パルシステムの組合員が『恩納もずく』『恩納村の早採れ糸もずく』1パック（4～6個）を購入した際に、消費者の購入代金から1～2円、サンゴの植え付け資金として寄付される仕組みがあり、これまで多額の寄付金が集まっている。

こうした同協議会の活動や消費者参加を通じて、パルシステム、加工業者、流通業者など組織メンバーの相互の信頼の高まりと、地域コミュニティ、食文化、水産業・養殖技術への貢献、さらには消費者の環境保護意識や安全・安心意識の高まりなどにも貢献している。売り手よし、買い手よし、世間よしも含めた「多方よし」を基本とした、「安全・安心、産直もずくのブランド化」が進んでいる。

「サンゴの森づくり」プロジェクトに対するパルシステム組合員の評価 （図表４－⑭）

※アンケート実施期間：2010年９月28日～10月13日。回答数：1493人
「恩納もずくを引き続き利用したい」の声が８割!

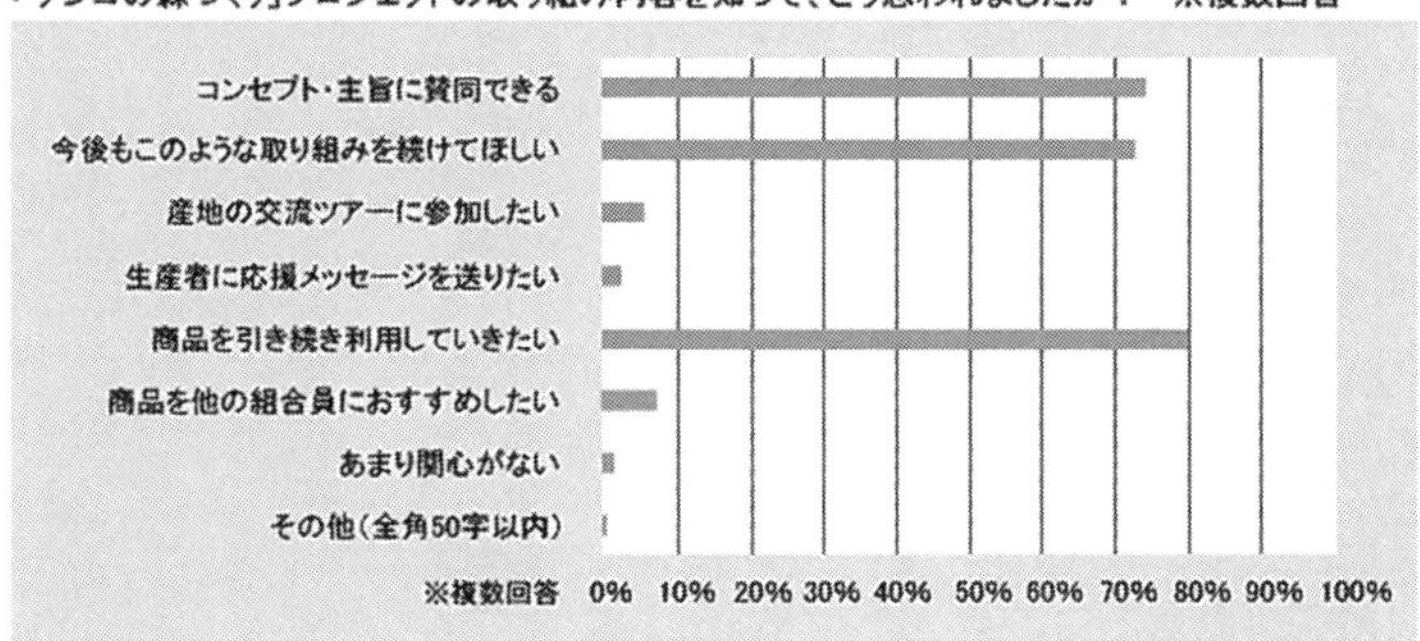

出典：パルシステムホームページ「『サンゴの森づくり』プロジェクトに、賛同の声がたくさん!」より

●組合員の高い評価

この「産直もずくとサンゴの森づくり」プロジェクトについて、もずくを利用したパルシステム組合員へのアンケートで評価を聞いてみると、（図表４－⑭）のとおり、約８割の組合員から、「商品を引き続き利用していきたい」と賛同する旨の回答があった。また、取り組み内容を知って、プロジェクトに「賛同する」「今後も続けてほしい」と答えた人は７割以上あり、プロジェクトに対する理解の高さがうかがえる。

ただ、「取り組みについてご存じでしたか？」という質問に対しては、５割以上の組合員が「知らなかった」と答えたことから、知らずに利用している組合員が半数以上いた

ことがわかった。

自由回答欄の中には「たまたま恩納もずくを注文したおかげで知ることとなりました。今後も恩納もずくを購入することによって、家族にとっては健康のために、沖縄の海にはサンゴのために協力できればと思います」のように、恩納もずくの購入で偶然に知り、今後は理解を深めて賛同していきたいという声もある。

どんなに素晴らしい活動であっても、組織内外に伝わっていないのでは、その意義も半減だ。安全・安心の産直ブランドの価値や「産直もずくとサンゴの森づくり」プロジェクトの活動を的確に組合員、さらには広く消費者に伝えることで、多くのステークホルダーからの支持も拡大することができる。

今後については、ホームページはもちろんのこと、組合員の機関誌などの広報活動を通じて、今まで以上に積極的に展開し、認知度をさらに向上させる必要があるだろう。

CSVがもたらす、「多方よしのCSV」から学ぶこと

「産直もずくとサンゴの森づくり」プロジェクトが生み出すCSVは、次のような点でサスティナブル・カンパニーにつながるヒントとなる。

CSVは公益に資するという「高い志と使命感」を持って取り組み、全社及び関連組織が一体となり、共通目標に向かって邁進しなければならない。

企業が取り組むCSVを成功に導くポイントは、ソーシャル・ニーズ（社会の要求）を知り、社会的課題（サンゴの保護など）の解決をビジネスに結びつけること。そのためには、CSVの活動が経営理念（パルシステムの安全・安心）と合致することを全社で共有することも必要となる。

その上で、第一は自社の人・モノ・金といった経営資源から参入できる分野を見極めること。第二は他社との差別化を図る独自の技術やノウハウ（恩納もずくなど）を、コア・コンピタンスとして峻別することである。

この二点が判明すれば、ソーシャル・ニーズとコア・コンピタンスの合致する部分を、ソーシャル・インパクト（社会的影響力）の高いCSVとして定めることができる。

最後に重要なのは、CSVの活動を広く社内外に広報活動で伝えること。昔の「陰徳の

美」ではなく、積極的に社内外に広報することで理解と賛同、そして共感を得ることだ。

第４章のまとめ

従業員満足を高めながら顧客の喜びを目指す、さらにその活動の視点を「世のため、人のため」という視点から社会に広げていく会社は、社会的な評価も高まる。地域社会に貢献し、社会から生かされている会社はサスティナブル・カンパニーとして持続可能な発展に結びつくのだ。

本章のまとめとして、地元に密着、地域社会の満足（ＳＳ＝Social Satisfaction）を目指す「買い手・世間よし」の活動、顧客満足が経営品質を高めるポイントを七つ挙げておいた。以下の項目をチェックしながら、いま一度確認してほしい。

□地域社会の声に耳を傾け、「世間よし」の活動を通じて地域経済の活性化に貢献すること。

□従業員と会社、地域社会との一体化を通して個性ある産業の発展を促進し、地方創成に結びつけること。

□ＣＳＶは、公益に資するという「高い志と使命感」を持って取り組むこと。

□ＣＳＶは、従業員の理解と協力を得て、全社的なコンセンサスを得ながら進めること。

□地域社会が抱える課題を認識し、企業活動を通してその解決に取り組むこと。

□会社独自の技術やノウハウを、本業を通じて社会的課題の解決に結びつけること。

□ＣＳＶは企業広報戦略として社内外に積極的にアピールすること。

第5章

「安全・安心」をベースに
ＣＳＲ（企業の社会的責任）経営を
重視する：「世間よし」

企業評価のモノサシが変わった

CSR経営の根底にあるコンプライアンス

●天網恢恢、疎にして漏らさず

2015年から2016年にかけて経営者の倫理観の欠如に端を発した不祥事が頻発している。東洋ゴム工業の免震偽装、フォルクスワーゲンの排ガスデータ改ざん、旭化成建材の杭打ちデータ改ざん、東芝の不正会計、三菱自動車の燃費データの改ざんなど、国内外を問わず世間を震撼させる不正が相次いでいる。

企業における短期利益の追求がその背景にあるのだが、「企業は社会の公器」を大前提としたCSR経営を忘れてはならない。その根底にあるものがコンプライアンスだ。

コンプライアンス（compliance）の語源は、動詞のコンプライ（comply）で「応じる・

従う・守る」という意味がある。現在はルール・法令順守という意味で使用されることが多いが、「応じる」、つまり、相手の期待、広くいえば世の中の人たちの期待に応えるという意味もある。

２００６年、あるファンドの経営者が逮捕された折、「お金儲けは悪いことですか？」と記者会見で開き直っていたが、確かにそれ自体は決して悪いことではない。ノーベル経済学賞を受賞したミルトン・フリードマンも、著書『資本主義と自由』の中で、資本主義経済下における利潤追求は必要なこととしているぐらいだ。(※13)

しかし、そのためになにをしてもいいとか、手段を選ばずということではない。最低限踏まえるべきコンプライアンス（ルール・法令の順守）や企業の社会的責任（ＣＳＲ）があるはずだ。言葉を換えれば、商いの倫理・道徳が前提にあるということになる。

『老子』の第73章に、「天網恢恢、疎にして漏らさず」という言葉がある。この意味するところは、天が張り巡らした網は、広大で目は粗いようだが、悪事を働いた者を取り逃がすことはない。天道は公平で決して悪人や悪事を見逃すことはないという意味である。企業の経営者はこの言葉をよく噛み締めなければならない。

●魚は頭から腐る

「魚は頭から腐る」という言葉がある。読んで字のとおり、魚が腐敗する時は、頭から徐々に腐っていく、決して尻尾からは腐らない、という意味だ。魚を企業に換えれば同じことがいえるだろう。これまでの多くの不祥事を見ても、トップの倫理観や問題意識の低さ、あるいは、会社に対する誤った忠誠心が主たる原因と考えられるケースが極めて多い。

一つの例であるが、長年の粉飾決算の疑惑を知りながらも、会社のためにという誤った忠誠心で、そのことを断ち切れなかったという企業があった。まさに、「会社のため、必ずしも会社のためならず」とされる代表的なケースである。

冒頭に述べた企業の例もそうだが、もし、最高責任者や担当取締役に高い倫理観や鋭敏な倫理的感受性があれば、これまでの多くの不祥事も、防ぐことができたはずだ。

幕末の著名な思想家、二宮金次郎（二宮尊徳）は、常々「道徳なき経済は犯罪である。経済なき道徳は寝言である」と語っていた。

営利企業である以上、売り上げや利益を否定しては「寝言」になる。しかしそのためになにをしてもいいというのではない。社会に迷惑をかけないこと、法律や規則をちゃんと守ることが大前提としてあるはずで、それができなければ「犯罪」につながるということだ。

組織の持続可能な発展には、このようにトップの高い倫理観に基づく強いリーダーシップが必要だ。不祥事の発生が予測される中、倫理的価値判断を求められた時、リーダーは断固として「ノー」と言わなければならず、決して逃げてはならない。

「俺は聞いていないことにする」とか、「あとはお前に任せる、うまくやれよ」と言ってしまえば、部下はそれを前例として悪い学習をすることになり、悪の連鎖が続いてしまう。「ノー」と言えるリーダーこそ真のリーダーなのだ。

●リーダーの強い信念と風通しのいい企業風土

不祥事を未然に予防するには、何でも相談できる風通しのいい企業風土が大切だ。その前提として、倫理規程を作成し、それを進める組織、さらには従業員の心に倫理的な意識を高めるような教育訓練も重要である。多くの会社で、これらの制度や訓練を進めているのは事実だが、不祥事が繰り返されているのも現実なのだ。

企業が不祥事を起こせば、社会に大きな迷惑をかける。コンプライアンスを怠ると、倒産など企業経営上の大きなリスクを招くことは明白だ。企業のコンプライアンスを高める上で必要なこと、それはまず、リーダーが強い意志を持ち、本気の姿勢で臨むことである。

筆者は資生堂時代、当時の福原義春会長（現・名誉会長）の「社会から愛される会社になる」という強い信念の下で、１９９７年に企業倫理委員会を立ち上げ、日本企業として最初に企業倫理の浸透・定着に取り組んだ。この時の体験からもリーダーの明確なコミットメントの重要性を感じたものだ。

リーダーのコミットメントといえば、本書でも紹介した西武ＨＤ社長の後藤の言葉が印象的だ。２０１５年の東芝事件のあと、彼は企業倫理委員会で委員に次のように話したことがあった。

「きれいに売って、たくさん稼ぐ」

世のため人のため、コンプライアンスを重視して、積極的に正しい販売を進めることで社会に貢献したいという意味である。

後藤は前職の第一勧業銀行（現・みずほ銀行）時代、同行が総会屋への利益供与で問題になったことがあったが、その時に経営改革を進めた「四人組」の中心人物である。経営危機に直面した経験から、後藤はいつもコンプライアンスの重要性を語り、トップのコミットメントとして発信していた。

こうした二人の経営者から、コンプライアンスにかけるトップリーダーシップを直接学ぶことができたことは、筆者にとって貴重な体験であり、大切にしている。

リーダーの強い意志に加えて必要なことは、部下をサポートする精神である。コンプライアンスは、上司から「こうやりなさい」と無理に押し付けても浸透しない。部下に対しては、「困ったことがあったら何でも言ってもらいたい」というサポートの精神で接する必要があるだろう。

つまり、ここでもサーバント・リーダーシップが生きてくるのだ。その上で、誰もが自由に発言できる風通しのいい企業文化をつくることがポイントとなる。リーダーと部下が目標を共有し、支え合って取り組むことが非常に重要なのだ。

●大企業だけではない、不正による禍根

「自由にものが言える雰囲気ではなかった」

企業の不祥事が発覚した時に必ず聞かれる言葉だ。不正は、大企業にありがちな問題ではない。中小企業にも起きている。

第1章で触れた大企業・東芝の事例でもその必要性は書いたが、風通しのいい企業文化をつくっていくことは、オーナー経営者が実権を握るような中小企業ほど重要かつ深刻なテーマといえるだろう。

その代表的な事例が、2007年10月に発生した、船場吉兆による「消費期限・賞味期限の書き換え」トラブルだ。百貨店で販売していた菓子のラベルを張り直し、消費・賞味期限の表示を偽装していたことが明らかになった事件である。

これをきっかけに不祥事が芋づる式に表出し、11月には、消費期限・賞味期限の切れた食材を使った総菜を販売していたことが発覚。さらに大阪の本店で九州産の牛肉を「但馬牛」、ブロイラーを「地鶏」と偽装表示していたことが判明し、ついには顧客が食べ残し

たものを別の顧客に出すという「使い回し」までもが明らかになり、有名料亭として知られていた船場吉兆は廃業に追い込まれた。

従業員が何度かトップに「こんなことよくないです、やめましょう」と進言していたが、現場の声に耳を貸さなかったという。そのうち、従業員は口を開かなくなり、気が付いた時には「ゆでガエル現象」でどうにもならない状態に陥っていた。

同社のおかみが記者会見で語った言葉が、今も筆者の耳に残っている。

「何でも言える風土ではなかった……」

船場吉兆に限らず、また企業規模の大小は問わず、問題が起きた時には必ず同じような言葉が聞かれるものである。

広報専門誌『ＰＲＩＲ』２００８年8月号（宣伝会議）には、船場吉兆の廃業について５００人の消費者に聞いたアンケート調査がある。

「早い段階で信頼回復に努めていれば、廃業せずに済んだと思う」と答えた人が、全体の51・８％も占めていた。この結果は、経営者が部下の言葉に耳を傾けることの重要性を指摘しているといえるだろう。

不正は、油断をすればどこにも起きるリスクがある。経営層は常日頃からそのことを頭に置き、317ページで後述するような四つの制度やコミュニケーションを心掛けなければならない。これらは不正防止の特効薬ではないが、漢方薬のようにじわじわと効いてくる。不断の努力を怠ってはいけないということだ。

●不祥事を起こす三つの背景「不正のトライアングル」

不祥事を起こす背景には、米国の犯罪学者であるD・R・クレッシーが1953年に主張した（図表5－①）のような「不正のトライアングル」という理論がある。

その一つ目は、不正を起こす「機会」があったこと。たとえば、昼の休憩時間で全員が不在の折に、会社の机の上に財布が放置されていたのを発見した男性。たまたま借金の支払いに苦労していた時だとしたら、不正を起こす「機会」と感じる可能性もある。

二つ目は不正を起こす「動機」がある。2011年9月、大王製紙の前会長の巨額借入事件（84億円）が従業員の告発で発覚した。背景には、銀座で豪遊、カジノで賭博、ギャ

不正のトライアングル　　（図表５－①）

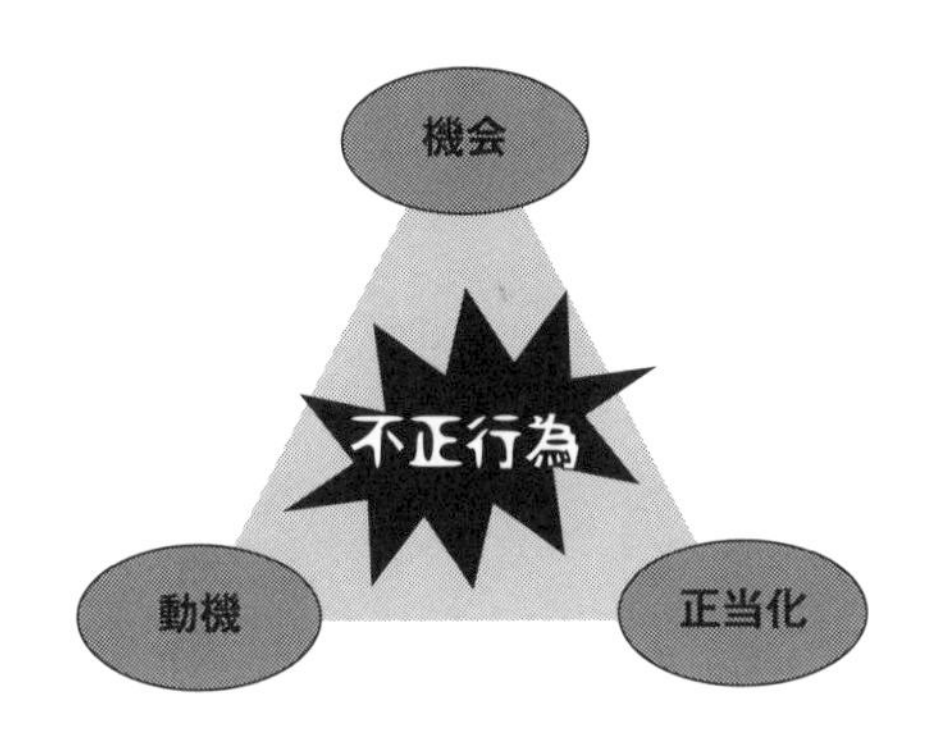

出典：D.R. クレッシーの理論に基づき、筆者作成

ンブルでも負けが込んで雪だるま式に賭け金が増え、社内からの借入金返済という「動機」があった。気が付いた時には84億円もの不正資金の使い込みになっていた。

三つ目は、自己の責任を「正当化」すること。２０１１年11月、オリンパスの巨額損失隠しが英国人社長からの問題提起で発覚。いわゆる「飛ばし」で財テク失敗を粉飾、穴埋め金額は１３４８億円にも上った。歴代の三人の社長も認識していたものの、過去からの不祥事に対して自分を「正当化」した。

この問題を簡単に説明すればこうだ。

１９９０年代に発生した金融資産の含み損を、90年代後半から複数のファンドに簿価で譲渡することにより連結の対象外として隠蔽した。発生した簿外損失をそのまますわけにはいかないため、その後、企業買収ののれんを水増しするなどして何度かに分けて解消しようとしたことが判明したのだ。

この不正のトライアングルこそ、不祥事の大きな要因なのである。

●安全・安心を求める現代の消費者

さて、こうした不祥事が続いたこともあり、企業評価に対する社会のモノサシが大きく変化している。企業が社会や消費者に提供する商品やサービスの品質、機能、デザインなど、その効用や有用性への期待はもちろんであるが、今はそれだけではない。

その大前提に、不祥事の予防活動をはじめとして、環境活動や、地域貢献も含めたCSR活動に社会全体が目を向けるようになってきたことが挙げられる。

企業と社会の健全な発展のためには、コーポレート・ガバナンス・コード（企業統治原則）の順守、会社法の改正への対応なども含め、企業行動全体を通じて再考する必要がある。企業は多面的な角度からコンプライアンスを重視し、インテグリティー（誠実性）とトラスト（信頼）が表裏一体となった活動をしていかなければならないということだ。言葉を換えれば、これらはまさにＣＳＲの基盤でもある。

たとえば、現代の消費者が自動車に求める価値観を考えてみよう、デザインやスピード、乗り心地も大切にするが、最も求められているのは安全・安心だろう。

事故の発生を未然に防ぎ、安全運転ができるような機能が盛り込まれていれば、これほど安心なことはない。その上で、快適な乗り心地を持ち、デザイン性も時代の先端を行くような車であれば最高だ。

富士重工業（現・スバル）では、安全・安心というコンセプトから『レガシィ』『インプレッサ』など代表的な車には、「アイサイト（EyeSight）」という自動運転機能を搭載している。衝突など危険を察知した時には自動的にブレーキがかかり、事故を回避する機能だ。他社にはない技術で、２００8年5月に『レガシィ』シリーズの年次改良に合わせて搭載されるまで、開発に20年をかけたという「こだわり」が差別化につながった。

また、イオンの「トップバリュ」というプライベート・ブランドにおいては、サプライチェーンとしての下請け企業にまで、コンプライアンスや環境・児童労働の禁止などＣＳ

Rの概念を取引条件としている。

このように、今や安全・安心が時代のキーワードとなり、社会から企業に対する価値基準も大きく変わろうとしている。

●救える命を救いたい、地域医療によるCSR経営

CSR、すなわち企業の社会的責任について、北海道にある医療法人渓仁会グループは、広大な土地で地域の人々の健康を最優先に取り組んでおり、道民から厚い信頼を得ている。

その中核である手稲渓仁会病院（札幌市）は、2005年に民間病院としてドクターヘリを持った北海道で最初の病院としても有名である。

グループ全体で救命救急センター、小児救急などの急性期医療、各種のがんや生活習慣病などの高度専門医療、災害医療、老人医療、在宅医療、終末期医療など、地域の医療と介護の中核的な役割を担っており、CSR経営を実践している。

安全・安心をコンセプトに、ドクターヘリ事業を通じて地域の人々に貢献する組織が沖

救急医療で活躍するドクターヘリ　（写真５－②）

出典：2015年４月　筆者撮影

縄県名護市にある。それがＮＰＯ法人ＭＥＳＨ（メッシュ）・サポート（以下、ＭＥＳＨ）で、沖縄本島北部地域における救急医療問題を改善するため、２００８年に設置されたものだ。ＭＥＳＨヘリと呼ばれるドクターヘリ事業により、沖縄本島と飛行時間約15分圏内にある伊是名島など一部の離島を対象に、救急搬送活動や災害救援活動、地域医療支援活動などを実施している。

こうした活動に共鳴してＭＥＳＨに寄付で協力しながら、地元の活性化を目指す会社がある。同じ沖縄県で日本の最西端・与那国島にある、崎元酒造だ。

同社は１９２７年に設立された、泡盛の酒造会社では最も古い酒造所で、リサイクル瓶使用の琉球泡盛『与那国』を消費者が購入すると、一本につき1円が慈善運動として寄付される。その寄付先がＭＥＳＨというわけだ。

ＭＥＳＨは、これまでＭＥＳＨドクターカー（救急医療車）と一体になって多目的ヘリとして運航していたが、石垣島や遠くは与那国島（飛行時間約90分）など、先島諸島を抱える沖縄県の医療は、救命医療などを考えると時間的な限界があった。そこで計画したのがクラウド・ファンディングによるＭＥＳＨ飛行機募金「ＲＥＡＤＹ ＦＯＲ？　沖縄離島の急病患者を救うために医療用飛行機を購入したい！」だ。

クラウド・ファンディングとは、事業の立ち上げに際して消費者からの募金を集めて資金を確保する手法で、市民の賛同と共感をもとに展開する寄付金型起業ビジネスである。この手法には、①資金提供に対して見返りを要求しない「寄付金型」、②資金提供の対価として商品やサービスを提供する「購入型」、③資金貸し付けなども含めた「金融型」の三つのタイプがある。

今回、ＭＥＳＨが計画したのは寄付金型で、２０１５年6月にその目標金額を達成し、執筆現在は２０１７年4月からの多目的飛行機事業開始に向けて計画が進行している。

消費者の八つの権利と五つの責任

●ケネディ大統領の「消費者の四つの権利」

企業や他の組織がＣＳＲを考える時、消費者の安全・安心を守るのは最低限のルールである。このことについては、半世紀以上前に米国のケネディ大統領がすでに指摘していた。１９６２年3月15日に発表したコンシューマーメッセージ「消費者の利益の保護に関する特別教書」がそれだ。

ケネディはその中で、以下に述べる「消費者の四つの権利」を宣言している（１９７５年にフォード大統領が五つ目の権利を追加）。この特別教書は、新しい時代の消費者主権のあり方を提起し、社会を啓発した点で重要な意義を果たした。米国のみならず、その後の世界の消費者行政にも多大な影響を与えている。

その中で、「消費者とは我々すべてを意味する」として、製品を使用する当事者のみならず、非使用者も含めた概念を提起している。今日使用される生活者という表現の概念とその意味では同じだ。

①　安全であることの権利

身体や生命に対する危険や、有害を与える製品から保護されるべき権利である。

②　知らされるべき権利

詐欺、欺瞞など虚偽の広告や宣伝などから保護され、品質や製品購買にかかわる必要で正確かつ真実の情報を与えられるべき権利である。

③　選択できる権利

常に自由で公正な競争化において製品やサービス、アイデアなどを自らの意思で十分に選択でき、また、消費者が満足できる品質やサービスを享受できるよう保障されるべき権利である。

④　意見が反映される権利

消費者の意見や提案、苦情などが正当に評価され、国や企業の政策などに十分に反映され、公正かつ迅速に検討処理され、取り入れられるべき権利である。

その後、１９７５年にフォード大統領が追加した五つ目の権利が以下である。

⑤　消費者教育を受ける権利

消費者が権利と責任を遂行し、行動する際に事前に情報を与えられ、商品やサービスを選択するのに必要な知識や能力を与えられるべき権利である。

●消費者の八つの権利

消費者団体の国際的組織として著名な国際消費者機構は、上記五つに以下の三つを加えて「消費者の八つの権利」として１９８２年に明示した。

⑥生活のニーズが保証される権利
衣食住、さらには保健・衛生、医療や教育など基本的かつ最低限の製品・サービスを利用し消費することができる権利である。

⑦補償を受ける権利
虚偽・欺瞞、不満足なサービスに対する補償や苦情が適切に処理されるべき権利である。

⑧良質な環境のもとで働き生活する権利
現状で考えられる良質な環境の下で働き、生活できる権利である。それは、現在及び将来の世代に対しても負荷や恐怖を与えるものであってはならない。

消費者の八つの権利と五つの責任　（図表5－③）

消費者の八つの権利	消費者の五つの責任
① 安全であることの権利	① 批判的意識を持つ
② 知らされるべき権利	② 自己主張と行動
③ 選択できる権利	③ 社会的関心
④ 意見が反映される権利	④ 環境への配慮
⑤ 消費者教育を受ける権利	⑤ 連帯する責任
⑥ 生活のニーズが保証される権利	
⑦ 補償を受ける権利	
⑧ 良質な環境のもとで働き生活する権利	

出典：筆者作成

●消費者の五つの責任

また、国際消費者機構は、「消費者の八つの権利」とともに、消費者に対しても次の五つを「消費者の五つの責任」として提唱している。

①批判的意識を持つ
商品やサービスの品質や用途、価格に対し正しい判断と問題意識を持つ消費者になる責任がある。

②自己主張と行動
消費者は自己主張を明確にして、公正な取引を得られるように行動する責任がある。

③社会的関心
消費生活の自身の行動が他者に与える

影響、特に弱者に及ぼす影響を自覚する責任がある。

④環境への配慮

自らの消費行動が環境に及ぼす影響を理解する責任がある。

⑤連帯する責任

消費者の利益を保護し促進するために、消費者として団結し、連帯する責任がある。

我が国では、１９６８年に「消費者保護基本法」が制定され、消費者政策の基本的な枠組みとなってきた。その後、２００４年６月に「消費者基本法」へと改正されている。

サスティナブル・カンパニーの実現に向けて

企業倫理の原点回帰が問われる

●学習成果の蓄積が未熟な日本社会

日本の企業倫理における取り組みは、は1990年代以降、急速に始まった。

しかし、「喉もと過ぎれば熱さ忘れる」という言葉があるように、不祥事が起きる都度、反省はするものの、学習成果として蓄積されずに何度も繰り返されてきた。関連する法律が制定・改正され、「法」という外圧で封じ込めようとしてもなお、規制法令の間隙を縫う巧妙な悪事が繰り返されるのである。

ただ、企業や業界団体の取り組みが進んでいないというのではない。経団連の調査によれば、（図表5－④）のとおり、日本の大手企業の97・8％がすでに行動憲章など企業倫理に関する規程・基準を制定し、97・1％が社内委員会または専任部署を組織化するなど、数字の面では取り組みが進んでいる。

企業倫理を浸透・定着させる四つの中核制度　（図表５－④）

行動憲章など企業倫理規定の制定		97.8（%）
社内委員会、専任部署など推進部門の設置		97.1
倫理教育・研修の実施		96.0
コミュニケーション啓発活動の推進	相談・通報窓口の設置	96.6
	トップメッセージの発信	85.8

出典：経団連 2008 年調査に基づき、筆者作成

●企業倫理を浸透・定着させる四つの中核制度

筆者は資生堂時代、１９９７年から日本企業として最初に企業倫理の浸透・定着に取り組むという、大変貴重な経験をした。また１９９９年に駿河台大学に移籍後も、企業倫理やＣＳＲの研究を積み重ね、理論と実践の融合を図ってきた。

そこから得た経験則として、企業倫理の浸透・定着に必要とされる「企業倫理規程の制定」「推進部門の設置」「倫理教育・研修」「コミュニケーション啓発活動」の四つの中核制度を重要な柱として掲げてきた。

先の経団連の調査で「数字面では取り組みが進んでいる」と書いたのは、四つの中核制度の

うち前者の二つはそれぞれ多くの会社で制度化され、ほぼ進展していると考えられるからである。

一方、実際の浸透・定着に向けて残された課題と考えられるのは、「倫理教育・研修」「コミュニケーション啓発活動」であり、この二つが今後の鍵を握っている。

これについては、トップの強靭な意志でもって繰り返し繰り返し実践することが必要である。いわば「終わりなき戦い」であり、繰り返すことを諦めれば元の木阿弥となり、水泡に帰してしまう。

●企業倫理の再考が求められる

これまで述べてきたように、重大な出来事・事件が相次いだが、以下の二つの点からいま一度、企業倫理の原点に立ち戻り、再考すべき時代が来ている。

第一は、２０１１年3月11日に発生した東日本大震災の影響である。

地震・津波対策や原子力発電に対するエネルギー問題の将来、企業のＢＣＰ（事業継続計画）の構築やリスクマネジメントの重要性などが議論された。

ＢＣＰとはBusiness Continuity Planの略語で、自然災害、大火災、テロ攻撃などの緊急事態に遭遇した場合に、事業資産の損害を最小限にとどめつつ、中核となる事業の継続あるいは早期復旧を可能にすることを目的に、事前に取り決めておく計画のこと。平常時から行うべき活動や緊急時における事業継続のための方法、手段などを事前に定めておくことだ。

さらには「絆、気付き、共感」といった他者との関係性や従業員の人権と多様な働き方への支援、ワークライフバランスへの関心など、東日本大震災は様々な企業倫理に影響を及ぼし、また人々の興味も高まっている。

これらの問題については２０１６年４月に起きた熊本地震でも同様だ。この機会に、２０１０年11月に国際標準化機構が発効したISO26000（社会的責任規格）と自社のＣＳＲ活動を照合することで、強み・弱みの分析と改善を行い、ＢＣＰも含めて組織の持続可能な発展に結びつけるのも一考に値する。

そして第二は、これまで述べたように東芝事件やマンションの杭打ちデータの改ざんなど、バブル崩壊後20数年を経過した今でも繰り返される不祥事に関して、企業倫理とコーポレートガバナンスに対する本質的な議論への関心が高まっている点だ。これらを他山の石として、自社の企業倫理を原点に立ち返って洗い直し、不祥事の予防に向けた活動を再考すべき時が来ている。

リーダーの倫理的価値観と「自己との対話」を促すコミュニケーション

「企業倫理の原点回帰」で求められるのは、「リーダーの倫理的価値観」、そして上司と部下、仲間たちとの「倫理的対話」(これにはヘルプラインやホットラインも含む)である。

前者の「リーダーの倫理的価値観」は、1938年に経営学者のチェスター・バーナードが次のとおり主張しているように、組織の中枢となる理念である。

「組織の存続は、それを支配している道徳性の高さに比例する。すなわち、予見、長期目的、高遠な理想こそ協働が持続する基盤なのである。……組織の存続はリーダーシップの良否に依存し、その良否はそれの基礎にある道徳性の高さから生じる(※14)」

また、後者の「倫理的対話」に関していえば、多くの会社でセクハラ、パワハラが問題になっているのは、社会の価値観の変化もあるが、これらの対話が不足していることもその要因の一つだろう。そもそも対話とは。プラトンによると「自己への問いかけ(intra-personal communication：イントラパーソナル・コミュニケーション)」から始まるとされている。

「自問自答しながら自己との対話を通じて理解・納得し、『腑に落ちる』状態になれば、他者への説得力も増そうというものである。プラトンはこの状態を心の『思做（おもいなし）』と表現した。[※15]

仮にもリーダーの気持ちの中に企業倫理の推進に関する迷いや、疑念、ジレンマ、そして一抹の不安さえもあるとすれば、自己との対話は成立し得ない。ましてや、部下や同僚など「他者との対話（inter-personal communication：個人間のコミュニケーション）」などでき得るはずがない。

バーナードが主張する倫理的リーダーシップを定めるスタート地点は、リーダー自身の内面に働きかける自己との対話である。組織のリーダーとしての倫理的価値観に基づく、揺るぎない強い信念とリーダーシップこそ、組織の倫理観につながる原点といえるだろう。もちろんリーダーとは、トップだけではなく組織を任された部門長やグループ長も含むことはいうまでもない。

セルフ・ガバナンスを促進する教育・研修

経営学者のハーバート・サイモンは１９４５年に次のように主張した。

「教育・研修の意義は、上司から管理・監督がなされなくとも、倫理的価値観に基づき仕事や任務を遂行することができる『判断基準の枠組みを提供することである[※16]』」

つまり、個人の内面に働きかけ、自己との倫理的対話を促進し、彼らの倫理的な行動に影響を与えることが肝要なのだ。その結果、組織全体における倫理的意思決定や行動に影響を及ぼし、倫理的組織文化の醸成につながっていく。

前述の「会社のため、組織のため」という経済価値優先の「虚偽の忠誠心」で非倫理的行為に手を染めようとしたとき、「判断基準の枠組み」が蓄積されていれば、思いとどまることも可能になるものだ。

　このように教育・研修によって、個人だけでなく、組織全体に自己との対話を促進し、倫理的価値観の涵養を促すことができる。

　筆者は、資生堂時代の１９９７年、コード・リーダーという「企業倫理のアメーバ組織」をつくったが、この組織は「自から律する組織を目指す」という当時の福原会長の強い思い入れあってのものである。だからこそ毎年、コード・リーダー研修で個人に働きかけ、その輪が倫理的組織文化の醸成につながっていったのだ。

　ただ、こうした教育・研修の成果は、短期間で醸成されるものではない。

　したがって、Off-JT（職場外訓練）の集合教育・研修のみならず、業務を通じてリーダーが現場で部下に指導するOJTも含め、反復徹底しながら間断ない意識啓発を行うことが重要である。

　それらの結果、筆者が主張するセルフ・ガバナンス（自己統治）、すなわち個人や組織が自ら統治するという『セルフ・ガバナンスの経営倫理』（千倉書房）に結びついていく。

ダイバーシティによるセルフ・ガバナンスの気付きと促進

セルフ・ガバナンスの気付きと促進を図るためには、次の三つの視点によるダイバーシティの導入が有効である。

① 社外取締役の導入によるダイバーシティ

第一のダイバーシティは、社外取締役の導入である。

コーポレート・ガバナンス・コードで定める2名以上の社外取締役導入企業については、東京証券取引所一部上場企業１９４９社（２０１６年４月10日現在）中で１２７９社（65・６％）、そのうち、会社と利害関係を持たない独立取締役については１１２１社（57・５％）となり、一気に進んだ。社内取締役のみの取締役会は、多様な価値観や気付きも生まれにくく、同一の価値観に支配された「金太郎アメの組織」となりがちだ。外部の知が導入され社外の目が光れば（有効に機能すれば）、不祥事の発生も未然に防ぐことが可能となる。

また、２０１６年5月の株主総会で決議されたセブン&アイ・ホールディングスの社長交代のように、社外取締役の反対でコーポレート・ガバナンス機能が発揮されることにも結びつき、取締役会の透明性や公正性の確保も可能になる。

株主が本来果たすべき監視・監督の責務を取締役会に託していることを考えれば、取締役会がコーポレート・ガバナンスの機能を発揮しなければならないのはいうまでもない。ただし、社外取締役が任命されていたとしても、親会社の取締役や取引先の取締役など利害関係を有し独立性に欠ける場合は、ガバナンス機能は有効に発揮し得ない。利害関係を持たない独立取締役であれば、相乗効果でガバナンス能力は高くなるだろう。

さらに一歩進めれば、独立社外取締役と社外監査役による「ガバナンス情報懇談会」の組織化なども考慮に値する。

②　取締役のダイバーシティ

第二のダイバーシティは、取締役の性別、年齢、国籍、人種などの属性そのものを多様化させることである。

それにより、多様性のある議論や助言が期待できる。たとえば、消費財企業や小売り機能のある企業などの場合、男性のみの役員構成では消費者目線に欠ける懸念がある。米国企業のゼネラルモーターズ（ＧＭ）では、すでに１９７１年に初の黒人取締役を任命し、翌１９７２年には女性の取締役を就任させている。

ノルウェーでは２００３年に「女性役員割当制度」の法律を制定した。女性役員の割合40％以上を義務付け、５年後の２００８年にはすべての上場企業で「40％ルール」を達成している。

スペインでは２００７年、またフランスでも２０１０年に同様の法律が制定された。一方、日本では東証一部上場企業でも２％に満たない。日本は米国ほどの多民族社会ではないので外国籍の取締役はさらに少ないが、今後、日本企業がグローバル化を進めていく中ではこうしたダイバーシティも重要になるだろう。

これらの二つのダイバーシティを導入することで、組織内に多様な価値観が芽生え、それによって自ら問題を発見し解決するセルフ・ガバナンスの機能が促進されていく。

ファースト・コラボレーション企業理念　（図表５－⑤）

経営理念

◇『私たちは「住」のプロとして、「安心」「信頼」「満足」を提供し、
お客様と「感動」を共有できる、
地域ナンバーワンの不動産会社を目指します!』

◇『私たちは、常にチャレンジ精神とチームワークを育て、
会社の発展と個人の幸せとの一致を目指します!』

◇『私たちは、互いの個性を認めあい、
夢と情熱に満ちた、笑顔の輝く豊かな人間集団を目指します!』

出典：ファースト・コラボレーション 武樋泰臣氏提供

③ 従業員の働き方のダイバーシティ

●中小企業にも必要な経営理念

ダイバーシティ（多様性）に取り組むことの必要性は大企業だけのものではない。

ダイバーシティの視点で従業員自ら経営に参画し、業績を高めている中小企業が高知県高知市にある。

不動産賃貸仲介業のファースト・コラボレーションは、仲間たちとのコミュニケーションにより、従業員のセルフ・ガバナンスが有効に働く会社だ。

２０１５年６月、高知県人権啓発センターの講演会で、同社の武樋泰臣社長（以下、武樋）と同席した。以下はその折に伺った話である。

２００２年６月に創業、資本金１０００万円、パートを含めて従業員は45名。日本全国で展開する同業の大手企業エイブルのフランチャイズだが、同社が実施した顧客満足度調査では４年連続店舗第一位となり、エイブル全国フォーラム２０１３の大会でも表彰された会社である。

その背景にあるのが、従業員全員が参画してつくった経営理念だ。これにより、従業員と会社の方向性が一本化できたという。

なぜ、その必要性を感じたか、このことについて、武樋は次のように語る。

「会社を設立した当初は、従業員一人ひとりは元気で明るかったが、全員のまとまり感がなく、これでは駄目だと思いました」

この経営理念により、コミュニケーションとチームワークのいい企業風土が定着した。

武樋は「コミュニケーションを大事にする、チームワークはなによりも大事、売り上げよりも大事なことである」との強い思いを、従業員に伝え続けている。

「社員一人ひとりが主役の会社」を目指し、「ノルマ、歩合、命令」はすべてなし、フラットでチームワークのいい経営により、自分たちが仕事をつくり行動する会社となっている。

勤務中には「私語の勧め」が風土として根付く。私語からお互いが考えていることがわかり、悩みや苦しみも互いに分かち合い、共感が生まれるからだ。

武樋が重視するのは、働き方のダイバーシティである。子育てサポートの充実にも積極的に取り組んでおり、育児休暇後の復帰率は１００％。働きやすい環境を整備することで従業員の活力を生み出している。

社員が安心して出産や育児に専念することができ、女性社員が産休から即戦力として職場復帰可能な環境を整備しており、従業員満足度は高い。

「子育てを支援するという風土づくりが最初で、仕組みや制度はあとからついてきたもの」と武樋は話す。女性従業員の戦力化を実現、女性を生かすことで職場内が活性化しているのが、この会社の特徴だ。

働く従業員のダイバーシティを進める好事例である。

●主役は従業員、皆の話し合いで制度を決める

会社の上司は「共通の目標に向かってともに進む、良きパートナー」であり、主役は社

長ではなく社員だ。

特に、女性社員が結婚・出産を機に退職して戦力が低下するのはどこの会社も同じだろう。残念に思った武樋が考えたのが、「働くママさん計画」と「社員出産予定表」だった。

「働くママさん計画」とは、いってみれば育児中におけるフレックスタイムの導入である。子供の保育所や学校に合わせて個々の勤務時間は皆で話し合って調整する。給与は勤務時間に合わせて増減するが、それは承知の上だ。

驚くのは、社員の産休が重ならないように、皆で話し合い、出産の予定を立てた「社員出産予定表」があることだ。

武樋によれば「他の会社の従業員に見せると、びっくりする」が、「社員同士が深い絆で結ばれているので、プライベートなことまで共有できる」らしい。ただし、「現実にはそううまくは行きませんが……」と女性社員は笑いながら話すという。

仮に半ば冗談であったとしても（同社では本気の取り組みだが）、このような会話で会社の制度が決まるのは円滑なコミュニケーションのなせる業だろう。

こうした社員の多様な働き方を支援する取り組みが評価され、「日本でいちばん大切にしたい会社大賞」審査委員会特別賞、平成26年（2014年）度「ダイバーシティ経営企業100選」にも選ばれるなど、同社は数々の表彰を受けている。

●ファースト・コラボレーションから学ぶべき三つのポイント

ファースト・コラボレーションの特徴は、社長と従業員、さらには従業員間のコミュニケーションが良いことである。それを促進するのがリーダーの役割で、ここにリーダーが学ぶべきポイントの一つがある。

また、同社のような不動産仲介業は、一般的に見れば、「ノルマ、歩合、命令」がきつい業種である。しかし、同社の制度や風土はそれとは真逆だ。従業員自らが考え、行動できる組織になっているのは、現場に権限委譲ができているからであり、これが第二のポイントとなる。

多様な働き方（これもダイバーシティである）も、良好なコミュニケーションから生まれた賜物といえよう。その陰には「私語の勧め」「働くママさん計画」「社員出産予定表」など、社長が従業員と話し合うことでつくられた制度がある。

これも社長と従業員のグッドなコミュニケーションがあるからできること。最後に学ぶべき第三のポイントである。

不祥事の予防と善行の促進

●「割れ窓の修復」と「芸術の勧め」

すでに述べたように、サスティナブル・カンパニーを進める上ではCSR経営が不可欠だ。そのためには前述した「企業倫理規程の制定」「推進部門の設置」「倫理教育・研修」「コミュニケーション啓発活動」の四つの内部制度化に加えて、それらを浸透・定着させる企業風土づくりにも目を向ける必要がある。

企業風土の構築には、トップダウンとボトムアップ、両方のアプローチがある。この両者を街づくりのガバナンスで実践している二つの対照的な事例を紹介しよう。

2005年11月、筆者は米国のニューヨーク市とフィラデルフィア市を訪れた。24日のニューヨークではサンクスギビング・デー（感謝祭）のパレードが行われていた。華やかな仮装行列やパレードも素晴らしかったが、それ以上に感動したのが、パレード通過後に行われたスピーディーな清掃作業である。

道路一面に散乱したポップコーンやハンバーガーの紙袋などが、ものの1時間も経たな

ニューヨークのサンクスギビング・デー　（写真５－⑥）

出典：筆者撮影

いうちに、清掃車と清掃員の手によって取り除かれ、きれいな街に戻ったのだ。

これには、ニューヨークの治安を回復させたルドルフ・ジュリアーニ（以下、ジュリアーニ）前市長の「割れ窓修復」の活動が生きていたのである。

ニューヨークといえば、１９８０年代の半ばまで、地下鉄の落書きと治安の悪さで悪名高き街であった。この問題に対処するため、ニューヨーク地下鉄公団は１９８３年、「割れ窓理論」で有名な犯罪学者のジョージ・ケリング氏（以下、ケリング）を顧問に採用した。

ケリングは、「割れた窓の建物を放置すれ

ば無秩序の意識が蔓延し、周辺の他の窓も壊され治安が悪化する。割れ窓は直ちに修復すべきである」と主張し、その考えをもとに公団は車両や駅構内の落書きを徹底的に消して歩いた。

その後、1994年に検事出身のジュリアーニが治安対策を公約してニューヨーク市長に当選したのち、ケリングは同市の顧問としてその一役を担った。ジュリアーニは「ゼロ・トレランス(不寛容)」政策として、5000人規模で警察官を増員し、徹底的に落書きや軽犯罪の摘発、ポルノショップやホームレスの排除などに努めたところ、5年間で殺人が67・5%、強盗は54・2%と減少し、街に活力を溢れさせたといわれている。

一方、治安対策で「割れ窓理論」とは対照的な活動を展開したのがフィラデルフィアである。

その地を訪問してまず目を見張ったのは、街中に2000以上もあるといわれる、ビル一面に描かれた見事な壁画だった。有名人物の肖像画、プロスポーツの光景、ナイチンゲールの活動など、大小様々、そして色とりどりに描かれているのである。

フィラデルフィアのビルに描かれた壁画　（写真５－⑦）

出典：筆者撮影

フィラデルフィアも以前はニューヨーク同様、落書きや治安の悪さで有名な街であった。そこで１９８４年、当時の市長ウイルソン・グード氏は、どうせならば落書きではなく芸術的な壁画を描くことを推奨する形で街の美化運動を提唱したのだ。

巨大なビルや建物への描画は落書きをしてきた者たちだけではできないことから、芸術家や一般市民も参加し、街ぐるみの壮大なプロジェクトとなっていった。その結果、落書きの減少と芸術的な壁画の完成、さらには治安の回復という一石三鳥の成果を生んだのである。

治安回復を目的とした「落書き追放」とい

う同じ山を登るにも、二つの市はまったく正反対のアプローチで取り組んだ。つまり異なる登り方をして、両者ともに成功したのだ。

一般的には「悪事を追放」する手段を取るが、フィラデルフィアは、悪事を「善行に転換」させることで問題解決を図りつつ、組織の活力を高める結果に結びつけた。まさに発想の転換である。

「悪貨は良貨を駆逐する」という言葉があるが、同市はその逆手を取って、街ぐるみで「良貨は悪貨を駆逐する」ことにつなげていったところに、会社経営のヒントを感じずにはいられない。

●「良貨は悪貨を駆逐する」風土を目指して

さて、昨今も企業の不祥事は絶えないが、ニューヨークの徹底した「守り」と、フィラデルフィアの積極的な「攻め」、この二つの事例から学び、双方の良い点を企業経営に取り入れると、どうなるだろうか。

それは「守りと攻めのＣＳＲ」の視点から考えればわかりやすい。

まずは、トップの強い意思表示とともに、不祥事を予防する制度、たとえば企業行動基

サスティナブル・カンパニーに生かす「割れ窓の修復と芸術の勧め」　（図表５－⑧）

領域	方式	コンセプト	サスティナブル・カンパニーへのヒント
攻めのCSR	フィラデルフィア方式(芸術の勧め)	・善行に転換 ・「良貨は悪貨を駆逐する」	・顧客満足の追求 ・従業員満足の追求 ・地域貢献活動他
守りのCSR	ニューヨーク方式(割れ窓の修復)	・悪事は追放 ・「悪貨は良貨を駆逐する」	・企業行動基準の制定 ・教育・研修 ・推進体制の構築 ・ヘルプライン、ホットラインの整備 ・倫理的コミュニケーション活動

出典：筆者作成

準の制定や、研修、組織体制の構築、ヘルプラインなど、従業員とのコミュニケーション活動を通じて、「割れ窓」が発生しないような「守りのＣＳＲ」が重要といえるだろう。

しかし、倫理的な企業文化の構築にはこれだけでは十分とはいえない。

一方では、本業を通じてＣＳ（顧客満足）の向上や、地域や社会に貢献する従業員の育成と、その奨励を図る「攻めのＣＳＲ」が効果的だ。

これらの相乗効果で企業の持続可能な発展が可能となるのである。

結局、ＣＳＲも守りと攻めを効果的に運用することが大事になるということだ。

特に本書のコンセプトから、「良貨は悪貨を駆逐する」という言葉を重視すると、良いことをする個人が増えれば、それだけ悪事を働く人間はいなくなり、効果的なコンプライアンス経営、そして最終的にはサスティナブル・カンパニーに結びつくということになる。

第5章のまとめ

パナソニックの創業者である松下幸之助が言った言葉に、「企業は社会の公器」という言葉がある。その意味について、1974年に社内資料として彼が記した『企業の社会的責任とは何か？』には次のように書かれている。

「まず基本として考えなくてはならないのは、企業は社会の公器であるということです。つまり、個人のものではない、社会のものだと思うのです。（中略）かたちの上、法律の上ではそうであっても、本質的には企業は特定の個人や株主だけのものではない、その人たちを含めた社会全体のものだと思います[※17]」

社会が求める「安全・安心」を土台としてCSRを実践し、「良い会社」としてその存在を認められた企業には、高い評価がもたらされる。言葉を換えればパフォーマンス・エクセレンス（卓越した経営業績）が高い経営品質の企業ということだ。

その結果、従業員満足度が高まり、彼らのやる気の向上にもつながり、企業の業績向上に結びつくという、善循環がもたらされる。

本章のまとめとして、「安全・安心」をベースにCSR経営を重視する、「世間よし」の活動が経営品質を高めるためのポイントを七つ挙げておいた。以下の項目をチェックしながら、いま一度確認してほしい。

□コンプライアンスは、「世のため、人のため、社会の期待に応えること」という精神を大切にすること。

□「不正のトライアングル」は、企業のコンプライアンス・リスクとして認識しておくこと。

□インテグリティー（誠実性）とトラスト（信頼）を表裏一体として、企業活動に取り組むこと。

□消費者の八つの権利を重視し、企業活動全般に反映させること。

□CSRを考える上で、「安全・安心」は消費者が求める重要な価値基準であることを認識しておくこと。

□企業自らが「セルフ・ガバナンス」という自己統治の機能を発揮させるような仕組みや制度をつくること。

□従業員の意見に耳を傾け、社内コミュニケーションを高めながら、働き方や仕事の進め方などダイバーシティに取り組むこと。

エピローグ

サステイナブルこそ最強のマーケティング

企業経営の根幹は「稼ぐ力」

サスティナブル・カンパニーに必要とされる売り上げ及び利益。従業員に給料を支払い、取引先に対価を払う。もちろん、株主には投資収益として配当を支払う。したがって、稼ぐことを否定してはいけない。

ただし、ここでいう「稼ぐ力」とは、稼ぐための知恵や工夫、さらにはエネルギーをいう。稼いだ結果の数字を指すものではない。稼ぐ力（手段）が有効に働くことで、売り上げや利益などの業績（結果）は自然とついてくる。稼ぐ力は目的ではなく、手段なのである。

ちなみに、経営学者のピーター・ドラッカーは第3章に書いたように、『現代の経営』の中で、事業の目的は「顧客を創造することである」と述べている。

ただし、誤解があってはならない。そのあとに彼はこうも言っている。

「もちろん、利益が重要でないということではない。利益は、企業や事業の目的ではなく、条件なのである。また利益は、事業における意思決定の理由や原因や根拠ではなく、妥当性の尺度なのである」

このことについて、同じようなことを語っていた経営者がいる。２０１5年9月に82歳で生涯を閉じた、元・富士ゼロックス相談役最高顧問で経済同友会代表幹事でもあった小林陽太郎氏（以下、小林）だ。彼は、このように言っている。

「利益は人間にとっての健康みたいなもの。とても大事だが、健康が人生の目的ではなく、人生の目的を達成するために必要なもの、手段である。利益は会社にとっての健康みたいなもので、大切ではあるがそれが最終目的ではない。個々の企業にはそれぞれの目的があり、それを達成するためのものだ(※18)」

著名な経営学者のドラッカー、そして経済界を代表する経営者の小林が、異口同音に語っているのが印象的だ。

「稼ぐ力」に必要なマーケティング力

では、稼ぐ力とはなにか。

それが本書でこれまで述べてきた、顧客や地域社会に満足される商品やサービスの「商品力」であり、それを提供する従業員の「接客力」だ。

ごく当たり前のことだが、商品を生み出す「開発力」がその前提にあり、接客力をサポートするのが「宣伝・広報力」である。このように考えれば、稼ぐ力はマーケティング力でもある。

さらにいえば、稼ぐ力のよりどころとなるのが経営理念であり、前提として「世のため、人のため、相手の期待に応える」ＣＳＲがあることは言を俟たない。

稼ぐ力が行き過ぎ、あるいは目的と混同した時には、今の世の中で起きているような不祥事を引き起こすことになる。

経営理念とＣＳＲは、そうならないための羅針盤なのだ。

●経営理念はマーケティングそのもの

経営理念をもとに稼ぐ力が有効に機能すれば、卓越した経営業績というパフォーマンス・エクセレンスを生み出す。その結果、「ＥＣＳＲ」が達成され、優秀な従業員が集まるというリクルート効果をもたらし、善循環の拡大でさらなる発展につながる。

多くの会社にある経営理念。従業員のよりどころとなり、理念の実現に向けて、会社の内外で活動を進めていく。良い製品やサービスを生み出し、企業に優秀な人材を、顧客を、そして社会から高い評価を集める原動力、そして推進力ともなるのが経営理念である。言葉を換えれば、経営理念はマーケティングそのものだ。

サスティナブル・カンパニーの未来

●「超長期の未来ビジョン」を明示する

50年後、100年後の夢を描き、従業員が一致団結して共通の未来目標に向かって活動ができるよう、サスティナブル・カンパニーには、たとえば「超長期の未来2050年ビジョン」を明示することを勧めたい。

一つ例を挙げてみよう。「親子三代、働ける会社」を目指すべきビジョンに掲げる。親から子へ、そして孫にまで自信を持って「良い会社だから」と勧められる企業だ。といっても、数年働いただけ、あるいは途中で転職した社員は、一世代勤務したと言い難い。また、もちろん、本人が希望し、会社が選考した結果、採用になるということである。

親子三代の意味するところは、各世代が定年まで働いた、それほど魅力ある会社ということであり、当然のことだが、創業者一族は除外する。

というようなことを考えれば、恐らく100年以上の歴史を刻まなければ、三世代が勤務できる会社にはなり得ない。単純に各世代の勤続年数を40年とすると、三世代で120年、重複する期間をそれぞれ10年として20年を削減すれば、ちょうど100年である。

ちなみに、筆者が勤務していた資生堂には、親子三代で勤務する社員が数名いた（筆者が知り得る範囲のことなので、もしかすると二桁を超えるかもしれない）。

100年企業といえば、帝国データバンク史料館 高津隆館長提供の資料によると、2014年8月末時点で100歳を超える日本企業は2万7335社あり、2025年には4万社を突破する見込みだという。

同データバンクが実施した4000社の調査では、100年企業の8割は「企業倫理として家訓・社訓を制定している」とされている。言葉を換えれば明確な経営理念があるということだ。この事実が本書の第1章で述べた経営理念の必要性を物語っている。

●「夢をかなえる会社」を目指して

会社に明確な経営理念があることで、従業員や顧客、そして社会にも夢を提供することができる。すなわち、サスティナブル・カンパニーの未来につながるわけだ。

サスティナブル・カンパニーの未来
—夢をかなえる会社—　（図表E－①）

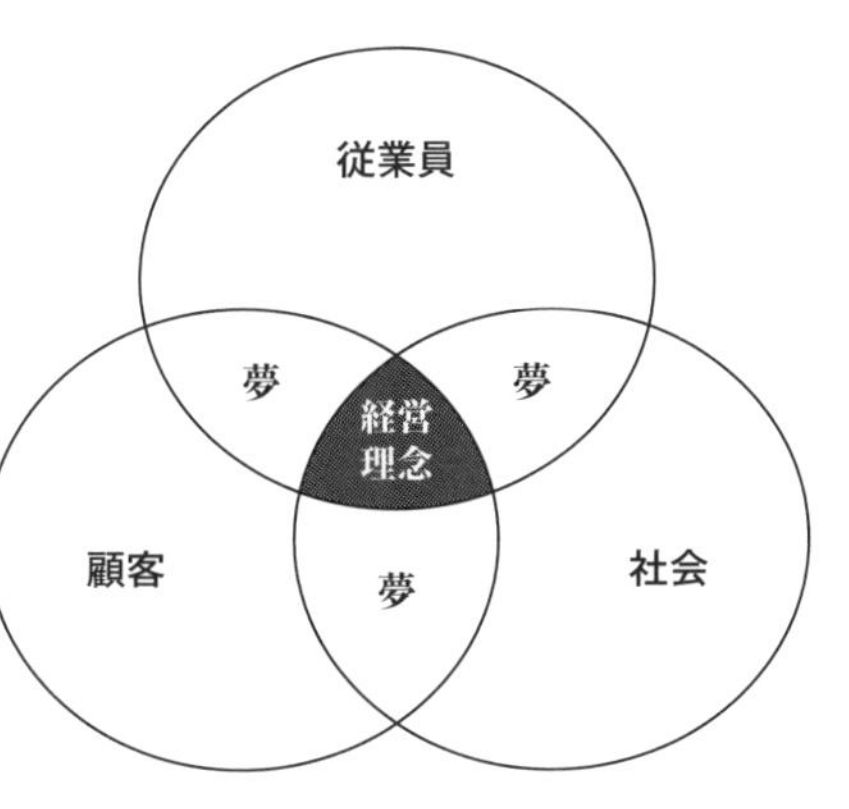

従業員、顧客、社会（市民、地域社会など）のそれぞれが会社に対して抱く「夢」をかなえることのできる会社が、サスティナブル・カンパニーである。その要になるのが経営理念だ。

出典：筆者作成

かなえる夢は、業種や規模、会社が置かれた状態（年数や地域など）によって様々である。

本書で紹介した会社であれば、西武ホールディングスは「ほほえみ」であり、アデランスは「がん患者や高齢者への生きる喜び」、資生堂は「美へのあこがれ」、ドリームスカイ名古屋は旅の楽しさという「夢」そのもの、無印良品は「安くていいもの」、波照間製糖は「黒糖を通じた離島経済の活性化」などなど……。

多種多様であって構わない、それが企業の特色にもつながるからだ。

●現場の参画による、サスティナブル・カンパニーへの道のり

この「夢をかなえる会社」の実現に向けて、あるべき姿として2050年ビジョンを社内プロジェクトで検討することが道のりの始まりである。

さらに、到達ゴールからバックキャスティング（逆戻り）し、2030年、2020年の通過点の目標を全従業員で共有する。

業種や会社の置かれた環境などによって異なるため、ここでは示さないが、定量化できる目標は極力、数値目標を提示するとよい。たとえば、新製品開発、CO_2の削減、ワーク・ライフ・バランス、女性活躍支援、ダイバーシティの目標値などである。もちろん、売り上げや利益などの経営数値も夢の実現結果として提示すべきだろう。

ちなみに、2006年頃の住友林業では、「チーム2020」という取り組みで、社員たちが2020年の夢を語る会議が開催され、筆者もその会議に参加した記憶がある。侃々諤々と議論を戦わせ、イキイキとしながら夢を語り合っていた。

目標設定がうまくいく秘訣、それは現場の参画である。トップが決めた目標ではなく（最終的には取締役会で決議したとしてもだ）、仲間たちが自分たちで決めたという意識が大切である。それがあれば、従業員が共感を抱き、団結力も生まれる。

中間地点のゴールが近未来の目標となれば、全社一丸となって共通の目標に向かい、進んでいくこともできる。

サスティナブル・カンパニーへの至上命題は、「現場の参画により、その道のりを拓くこと」である。

守りのコンプライアンスで不祥事がなくなり、攻めのＥＣＳＲで従業員、顧客、取引先、地域社会などに喜びや感動を提供するような、会社や社会になることを願ってやまない。それが結果として経営業績が向上し、株主や投資家の満足につながる。本書がその道標（みちしるべ）となれば、望外の喜びである。

引用文献

※1:『経営品質の理論』(生産性出版)寺本義也他著

※2:『思考と行動における言語』(岩波書店)S・I・ハヤカワ著、大久保忠利訳

※3:『新しい社会と新しい経営』(ダイヤモンド社)ピーター・ドラッカー著

※4:『組織文化とリーダーシップ』(ダイヤモンド社)エドガー・シャイン著、清水紀彦・浜田幸雄共訳

※5:『経営風土』(白桃書房)G・H・リットビン & R・A・ストリンガー著、占部都美監訳、井尻昭夫訳

※6:『暗黙知の次元』(紀伊國屋書店)マイケル・ポラニー著、佐藤敬三訳、伊東俊太郎序

※7:『経営戦略と組織』(実業之日本社)アルフレッド・D・チャンドラー・ジュニア著、三菱経済研究所訳

※8:『GEの奇跡』(同文書院インターナショナル)ロバート・スレーター著、牧野昇監修

※9:『竜馬がゆく<第5巻・回天篇>』(文藝春秋)司馬遼太郎著

※10:『現代語訳論語と算盤』(ちくま新書)渋沢栄一著、守屋淳訳

※11:『新訳:現代の経営』(ダイヤモンド社)ピーター・ドラッカー著、上田惇生訳

※12:『リッツ・カールトンが大切にする サービスを超える瞬間』(かんき出版)高野登著

※13:『資本主義と自由』(マグロウヒル好学社)ミルトン・フリードマン著、熊谷尚夫・西山千明・白井孝昌共訳

※14:『経営者の役割』(ダイヤモンド社)チェスター・バーナード著、山本安次郎・田杉競・飯野春樹訳

※15:『テアイテトス』(岩波書店)プラトン著、田中美知太郎訳

※16:『経営行動』(ダイヤモンド社)ハーバート・サイモン著、松田武彦他訳

※17:『企業の社会的責任とは何か?』(PHP研究所)松下幸之助著

※18:『小林陽太郎 「性善説」の経営者』(プレジデント社)樺島弘文著

参考文献については、本書の中でも一部掲載させていただきましたが、その他にも以下の文献を参考にさせていただきました。

プロローグ
寺本義也・岡本正耿・原田保・水尾順一著『経営品質の理論』(生産性出版)、2003年
トヨタ自動車㈱『創造限りなく―トヨタ自動車50年史』、1987年
松下電器産業㈱『松下電器　変革の三十年』、2008年
㈱NTTドコモホームページ
＜https://www.nttdocomo.co.jp/corporate/about/philosophy_vision/＞
㈱資生堂ホームページ＜http://www.shiseidogroup.jp/＞
㈱西武ホールディングス広報部提供資料
㈱アデランス提供資料

第1章
Korzybski, Alfred(1933) Science and Sanity, Science Press Printing Company
アルフレッド・D・チャンドラー・ジュニア著、三菱経済研究所訳『経営戦略と組織』(実業之日本社)、1967年
エドガー・シャイン著、清水紀彦・浜田幸雄共訳『組織文化とリーダーシップ』(ダイヤモンド社)、1989年
G・H・リットビン＆R・A・ストリンガー著、占部都美監訳、井尻昭夫訳『経営風土』(白桃書房)、1974年
S・I・ハヤカワ著・大久保忠利訳『思考と行動における言語』(岩波書店)、1985年
ノエル・ティシー他著・小林薫訳『現状変革型リーダー』(ダイヤモンド社)、1988年
ピーター・ドラッカー著、現代経営研究会訳『新しい社会と新しい経営』(ダイヤモンド社)、1957年
ピーター・ドラッカー著、上田惇生訳『マネジメント』(ダイヤモンド社)、1974年
マイケル・ポランニー著、佐藤敬三訳、伊東俊太郎序『暗黙知の次元』(紀伊國屋書店)、1980年
梅澤正著『顔の見える企業』(有斐閣ビジネス)、1994年
奥村悳一著『現代企業を動かす経営理念』(有斐閣)、1994年
田中宏司・水尾順一編著『三方よしに学ぶ　人に好かれる会社』(サンライズ出版)、2015年
童門冬二著『近江商人のビジネス哲学』(サンライズ出版)、2012年
水尾順一編著『ビジョナリー・コーポレートブランド』(白桃書房)、2003年
水尾順一著『セルフ・ガバナンスの経営倫理』(千倉書房)、2003年
水尾順一著『CSRで経営力を高める』(東洋経済新報社)、2005年
水尾順一他編著『やさしいCSRイニシアチブ』(日本規格協会)、2007年
水尾順一著『逆境経営７つの法則』(朝日新書)、2009年
森一夫著『中村邦夫「幸之助神話」を壊した男』(日本経済新聞社)、2005年
カンブリア宮殿「創業450年！眠ることなく"眠り"を極める超老舗企業」2015年8月27日放送
小林製薬㈱提供広報資料
住友スリーエム株式会社提供広報資料
帝国データバンク『TDB REPORT特集　伸びる老舗、変わる老舗』Vol.92、2008年6月
東近江市近江商人博物館『商家の家訓』、2003年
三方よし研究所ホームページ＜http://www.sanpo-yoshi.net/study/idea.html＞
東芝ホームページ＜http://www.toshiba.co.jp/about/com_j.htm＞
西川産業㈱ホームページ
＜http://www.nishikawasangyo.co.jp/company/profile/＞
ネスレホームページ＜http://www.nestle.com/csv＞

特集レポート
㈱西武ホールディングス広報部提供資料
『週刊東洋経済』(東洋経済新報社)、2016年4月2日号
㈱西武ホールディングスホームページ＜http://www.seibuholdings.co.jp/＞
会社四季報オンライン「西武HD・後藤社長：不動産再開発など資産有効活用を積極化」
＜http://shikiho.jp/tk/news/articles/0/48374/1＞
プレジデントオンライン「『疾風に勁草を知る』上場廃止から10年目の転機　─西武ホールディングス社長　後藤高志」〈http://president.jp/articles/s/-/13784＞
ダイヤモンドオンラインの各記事「Inside Enterprise〈筆頭株主が突然のTOB発動で深まる西武とサーベラスの対立〉〈個人株主は西武HDに軍配 サーベラスTOBの"不発"〉〈サーベラスが勝手にはじいた西武再上場の想定株価の不可解〉〈市場がノーを突きつけた西武とサーベラスの"円満離婚"〉」「岸博幸のクリエイティブ国富論：サーベラスは西武を再生できるか？」「News&Analysis：西武vsサーベラスで注目　持ち株比率と株主の権利とは？」「財部誠一の現代日本私観：西武に牙を剥きはじめたサーベラスの本性」「今月の主筆・星野リゾート代表　星野佳路」＜http://diamond.jp/articles/＞

第2章
Greenleaf, R.K.(1970)The Servant as Leader, Robert K. Greenleaf Center
Watson,T.J.Jr.(1963)A Business and Its Beliefs, McGraw-Hill
レイモンド・チャンドラー著、清水俊二訳『プレイバック』(早川書房)、1977年
ロバート・スレーター著、牧野昇監修『GEの奇跡』(同文書院インターナショナル)、1993年
司馬遼太郎著『竜馬がゆく＜第５巻・回天篇＞』(文藝春秋)、1966年

司馬遼太郎著『竜馬がゆく＜第４巻・怒濤篇＞』(文藝春秋)、1965年
渋沢栄一著・守屋淳訳『現代語訳論語と算盤』ちくま新書、2010年
渋沢栄一著・渋沢青淵記念財団竜門社編『渋沢栄一訓言集』(国書刊行会)、1986年
田中宏司・水尾順一・蟻生俊夫編著『渋沢栄一に学ぶ「論語と算盤」の経営』(同友館)、2016年
童門冬二著『上杉鷹山の経営学』(ＰＨＰ研究所)、1992年
水尾順一著『マーケティング倫理が企業を救う!』(生産性出版)、2014年
水尾順一著「経世済民：顧客満足は社員の満足から」(埼玉新聞)、2013年4月20日
水尾順一著「守りと攻めの、強くやさしい会社」(繊研新聞)、2015年7月7日
水尾順一著「企業の社会的責任と人権：愛される会社目指し」(高知新聞)、2015年7月20日
㈱アデランス広報ＩＲ部提供資料
㈱資生堂提供資料「ソーシャル・スタディーズ・デー」
日本生命保険相互会社資料「一人ひとりが輝く会社を目指して」
公益財団法人人権教育啓発推進センター「㈱ふくや　ワーク・ライフ・バランスへの取組みについて」『平成27年度企業の社会的責任と人権セミナー概要』、2015年
公益財団法人人権教育啓発推進センター「株式会社ドリームスカイ名古屋におけるワーク・ライフ・バランスの取組」『平成26年度企業の社会的責任と人権セミナー概要』、2015年
『「ずーっと。」人と社会を支える』渓仁会グループＣＳＲレポート、2015年
山形県米沢市、米沢市城下町上杉観光ホームページ
米沢市＜http://www.yonezawa-kankou.com/＞
㈱ドリームスカイ名古屋ホームページ
＜http://www.d-skyngo.jp/corporate/philosophy.html＞
日経新聞電子版、2016年3月11日「アデランス、米国で花開くスティールの置き土産」
＜http://www.nikkei.com/article/＞
ロイター、2014年6月27日「アデランス Research Memo（12）：米国の男性用オーダーメイドかつら首位へアクラブを買収／日本株」
＜http://jp.reuters.com/article/＞

第3章
花王㈱『花王史年表1990-2000』
コクヨ㈱ホームページ＜http://www.kokuyo.co.jp/＞
TOTO㈱ホームページ＜http://www.toto.co.jp/＞
㈱良品計画ホームページ＜http://www.muji.com/jp/＞
日本Ｂ to Ｂ広告協会「人と地球にやさしい経営」『Ｂ to Ｂ COMMUNICATIONS』(第46巻第10号)、2014年10月
江崎グリコ㈱編・発行『創意工夫ー江崎グリコ70年史』、1992年
江崎グリコ㈱ポッキー公式サイト「Pocky Street」＜http://pocky.jp/＞
NEWS ポストセブン<http://zasshi.news.yahoo.co.jp/>
水尾順一著『逆境経営７つの法則』(朝日新書)、2009年
水尾順一著「『夢』『快適』『おもてなし』がロングセラーブランドをつくる」『100万社のマーケティング』(宣伝会議)、2015年
日清食品ホールディングス㈱広報部提供資料
日清食品グループ ホームページ
＜https://www.nissin.com/jp/products/brands/cupnoodle/#nissinfoods＞
フィリップ・コトラー＆ ヘルマワン・カルタジャヤ著、恩蔵直人監訳・藤井清美訳『コトラーのマーケティング3.0』(朝日新聞出版)、2010年
ベッツィ・Ａ・サンダース著、和田 正春訳『サービスが伝説になる時』ダイヤモンド社、1996年
井上富紀子・リコ・ドゥブランク著『リッツ・カールトン20の秘密』(オータパブリケイションズ)、2007年
高野登著『リッツ・カールトンが大切にする　サービスを超える瞬間』(かんき出版)、2005年
ザ・リッツ・カールトン東京ホームページ＜http://www.ritz-carlton.jp/company/＞

第4章
入嵩西正治著『八重山糖業史』(石垣島製糖株式会社)、1993年

沖縄大百科事典刊行事務局編・比嘉敬発行『沖縄大百科事典』(沖縄タイムス社)、1983年
来間泰男著「波照間島の農業とユイの意義」沖縄国際大学南島文化研究所編『波照間島調査報告書』、1982年
藤野雅之著『与那国島サトウキビ刈り援農隊』(新日本教育図書)、2004年
宮西郁美著「沖縄黒糖生産地域における『ユイマール』の変容と現代的意義」東京大学大学院農学生命科学研究科、2004年度
沖縄県竹富町役場「竹富町波照間製糖工場」2013年12月
南山舎「情報やいま」2001年11月号・2007年1/2月合併号
波照間製糖(株)波照間事業所「操業概要(平成26～27年操業)・(平成27～28年操業)」
「さとうきびと黒糖 ―波照間と沖縄の製糖業のすがた― 」ホームページ
<http://www.kt.rim.or.jp/~yami/hateruma/sugar.html>
農畜産業振興機構「波照間島におけるユイマール」ホームページ
<http://sugar.alic.go.jp/japan/fromalic/fa_0706b.htm>
Porter,M.E. & Kramer,M.R. 2011 Creating Shared Value: How to reinvent capitalism and unleash a wave of innovation and growth, in Harvard Business Review、Jan.-Feb.
JBCCホールディングスLink編集室編著『ビジネスに広がりを！知恵のわ』(日経BPコンサルティング)、2013年
日本B to B 広告協会著『恩納もずく』にみる、ビジネス提携―消費者参加によるブランドづくりの視点からー」『B to B COMMUNICATIONS』(第48巻第6号)、2016年6月
水尾順一著「グローバルCSRを機軸としたCSVに関する一考察」日本マネジメント学会『経営教育研究』(Vol. 17、NO.1)、2014年
ISO/SR国内委員会監修・日本規格協会編『日本語訳ISO26000：2010　社会的責任に関する手引』(日本規格協会)、2011年
パルシステム生活協同組合連合会広報資料「恩納村美ら海産直協議会について」
パルシステムホームページ「『サンゴの森づくり』プロジェクトに、賛同の声がたくさん！」
<https://sanchoku.pal-system.co.jp/sanchoku-project11/sango/archive.html>

第5章

Cressey,D.R.(1953) Other People's Money: A Study in the Social Psychology of Embezzlement, The Free Press
チェスター・バーナード著、山本安次郎・田杉競・飯野春樹訳『経営者の役割』(ダイヤモンド社)、1968年
ミルトン・フリードマン著、熊谷尚夫・西山千明・白井孝昌訳『資本主義と自由』(マグロウヒル好学社)、1975年
ハーバート・サイモン著、松田武彦他訳『経営行動』(ダイヤモンド社),1989年
プラトン著、田中美知太郎訳『テアイテトス』(岩波書店)、1938年
井上泉著『企業不祥事の研究』(文眞堂)、2015年
今井祐著『東芝事件と「守りのガバナンス」』(文眞堂)、2016年
樺島弘文著『小林陽太郎　「性善説」の経営者』(プレジデント社)、2012年
田中宏司著『コンプライアンス経営』(生産性出版)、2005年
土屋守章著『企業の社会的責任』(税務経理協会)、1980年
松下幸之助『企業の社会的責任とは何か?』(PHP研究所)、2004年(原著の社内資料は1974年)
水尾順一・田中宏司・池田耕一編『コンプライアンスと企業文化を基軸としたやわらかい内部統制』(日本規格協会)、2007年
『PRIR』2008年8月号(宣伝会議)
㈱ファースト・コラボレーション提供資料およびホームページ
<http://www.first-1.jp/about.html>

エピローグ

ピーター・ドラッカー著、上田惇生訳『新訳：現代の経営(下)』(ダイヤモンド社)、1996年
㈱帝国データバンク提供資料「消える会社、生き残る会社」2015年10月取材
国際消費者機構ホームページ<http://www.consumersinternational.org/>

謝辞

本書の執筆に当たっては、次に掲げるように多くの企業の方々に取材・情報提供でご協力をいただきました。心からお礼申し上げます。
※社名はアルファベット、あいうえお順。

アデランス津村佳宏代表取締役副社長ＣＯＯ、江崎グリコ広報部、恩納村漁業協同組合仲村英樹氏、㈷渓仁会グループ秋野豊明会長、小林製薬、サンライズ出版㈱岩根順子社長、資生堂広報部、住友スリーエム、西武ホールディングス広報部、日清食品ホールディングス広報部、波照間製糖㈱金武清也常務取締役事業所長、パナソニックコーポレート・コミュニケーション本部、パルシステム生活協同組合連合会産直推進部交流政策課小林秀樹課長（現・同産直推進部　物流管理課担当課長）、地域活動支援課鈴江茂敏課長、ファースト・コラボレーション武樋泰臣代表取締役社長、良品計画鈴木啓取締役生活雑貨部長

特に、アデランス根本信男代表取締役会長兼社長ＣＥＯおよび西武ホールディングス後藤高志代表取締役社長には、経営改革に関することも含めて数々の貴重な情報を提供いた

だきました。心からお礼申し上げます。
ただし、内容についての至らない面など、全ての責任は文中に取材協力いただいた組織・個人の方々ではなく筆者に帰するものです。

最後に、本書の公刊を快諾賜った宣伝会議 東英弥代表取締役会長、および企画から刊行まで種々助言いただいた、事業構想大学院大学 田中里沙学長（前㈱宣伝会議取締役副社長）、書籍編集部 佐藤匠様に心からお礼申し上げます。

※本書の研究の一部は、文部科学省・日本学術振興会「科学研究費助成事業（学術研究助成基金助成金：平成23～25年度２３５３０４９２、平成26～28年度２６３８０４７１）」の助成を受けたものです。記して感謝申し上げます。

水尾順一（みずお じゅんいち）

駿河台大学経済経営学部・大学院総合政策研究科教授、博士(経営学)
1970年神戸商科大学(現・兵庫県立大学)卒業、資生堂を経て1999年駿河台大学へ奉職、現在に至る。アデランス社外取締役、西武ホールディングス企業倫理委員会社外委員。東洋大学経営学部兼任講師、日本経営倫理学会副会長、経営倫理実践研究センター首席研究員、2010年ロンドン大学客員研究員。ICMCI(国際公認経営コンサルティング協議会)認定国際資格「CMC」取得、専門はマーケティング倫理、CSR、コーポレートブランド経営など。
著書に『マーケティング倫理が企業を救う』生産性出版、『逆境経営 7つの法則』朝日新書、『CSRで経営力を高める』東洋経済新報社、『セルフ・ガバナンスの経営倫理』千倉書房、『マーケティング倫理』中央経済社、他多数

【実践と応用シリーズ】

サステイナブル・カンパニー

「ずーっと」栄える会社の事業構想

発行日　2016年　8月1日　初版

著者　水尾順一
発行者　東 英弥
発行所　株式会社宣伝会議
〒107-8550　東京都港区南青山3-11-13
tel.03-3475-3010（代表）
http://www.sendenkaigi.com/

印刷・製本　中央精版印刷株式会社
装丁デザイン　SOUP DESIGN

ISBN 978-4- 88335-368-2　C2063